寻找语文的可能性

殷国雄 著

大夏书系·语文之道

华东师范大学出版社
全国百佳图书出版单位

图书在版编目（CIP）数据

寻找语文的可能性/殷国雄著．—上海：华东师范大学出版社，2019
ISBN 978-7-5675-9960-4

Ⅰ．①寻...　Ⅱ．①殷...　Ⅲ．①中学语文课—教学研究　Ⅳ．①G633.302

中国版本图书馆CIP数据核字（2020）第007449号

大夏书系·语文之道

寻找语文的可能性

著　　者　殷国雄
策划编辑　项恩炜
责任编辑　杨　坤　韩贝多
责任校对　殷艳红　卢风保
封面设计　奇文云海·设计顾问

出版发行　华东师范大学出版社
社　　址　上海市中山北路3663号　邮编　200062
网　　址　www.ecnupress.com.cn
电　　话　021-60821666　行政传真　021-62572105
客服电话　021-62865537
邮购电话　021-62869887　地址　上海市中山北路3663号华东师范大学校内先锋路口
网　　店　http://hdsdcbs.tmall.com

印 刷 者　北京季蜂印刷有限公司
开　　本　700×1000　16开
插　　页　1
印　　张　13.5
字　　数　200千字
版　　次　2020年4月第一版
印　　次　2022年10月第二次
印　　数　6 101-9 100
书　　号　ISBN 978-7-5675-9960-4
定　　价　42.00元

出 版 人　王　焰

（如发现本版图书有印订质量问题，请寄回本社市场部调换或电话021-62865537联系）

目　录

第三章　主题词下的读与写

第四章　读书观影外加报告单的整本书读写教学

第五章　游戏化的读写教学实践

第六章　语文应试，换条路走走

序一：“笨小孩”殷国雄

杨静娴

一

老殷要出书，我真替他高兴。

我认识老殷十几年。在常青藤实验中学的一次青年教师评优课上，老殷上的是季羡林的《幽径悲剧》，结果，他因为没有得到奖项跑去跟评委理论；在教学开放日的公开课上，我上的是宗璞的《紫藤萝瀑布》，课文背景介绍受到较多质疑，他和外校老师争论……那个时候的他身材瘦弱，戴一副黑框眼镜，头发蓬乱，大家已经叫他“老殷”。只是，他依旧经常因为别人的夸赞而脸红。

去年，老殷发微信告诉我他要出书的消息，我觉得他如愿以偿了：“这些年，也该殷老师风光下了。”第二天，又收到他的信息：“这个年龄，真的不为名利了。以前想要出名，多点话语权。四十岁了，只想做点事，留点痕迹。”

在学校里，遇到一个真实的人，不易；遇到一个努力的真实的人，难能可贵。有多少人也曾经跟老殷一样，有理想、有热情、愿意奋斗……但是站了将近十五六年的讲台之后，剩下的可能只有疲倦、无奈，甚至是卑微、势利。

老殷并不“崇高”，也没有资格“归隐”，两手空空从湖北来到张家港，担子着实不轻。现在对名利的淡然，我想是因为曾经受过伤害。

有一些东西，是不能放弃的。

二

我与老殷同事的时间不到三年。他的办公桌凌乱，我去跟他借书，书边卷起，书页也有水浸湿的痕迹。学生的默写、随笔杂乱堆放，备课纸（没看到他有备课本）任意夹在课本里，字大得吓人。那时，常青藤校园不大，跑步是没有地方了，我不知道他经常躲在哪个角落里看书。

我这次听说老殷要出书，十多万字，先觉得很惊讶——不知道他何时捡起那些备课纸的。不过这几年他真的勤奋。他的女儿给他的定位是——一个乡下老师。老殷甘之如饴。

在这本《寻找语文的可能性》里，老殷介绍了自己辗转各校的经历：他当年争取到市里最好的初中任教，也有对生源的考虑。我现在也经常为挫败感而苦恼，在自卑与自负之间摇摆：我做什么都没有用，或者是，我这么做真是对不起自己的才华。

老殷回到农村不是受什么高尚思想指引，也不是什么壮志难酬的归隐。我觉得这是一个老师对自己的接受和认可。教育者不脚踩大地，终究只是空虚。他也绝不以此来显示自己的清高。这几年老殷跟我谈起名校，诸如衡水中学这样的学校，温和而公正。他认为不解决现实的升学问题，对学生和家长来说，谈教育是奢侈的。老殷现在是一名底层的农村初中教师，他有了更多教学实践的自由。这十几万字便源于此。

有一些东西，是必须放弃的。

三

十几年前，老殷向我推荐佐藤学的《静悄悄的革命》，也是在那个时候史金霞讲到了王荣生的《语文科课程论基础》。我对那种理论性书籍的排斥其实是因为自己没有良好的阅读习惯。课程与科目，傻傻分不清。

我回到北方以后，与他们山高水远，困惑了一段日子，也懒散了一段日子。反正我有的是理由。老殷不管我的那些理由。他把佐藤学的《课程与教师》推荐给我，又督促我读《游戏改变教育》。两本书，一个注重教育内容，一个关注课堂教学管理。到现在，我还没翻完。

教材内容几十年不变，课堂形式长年固化，教育改革最大的阻碍来自于哪里呢？我们都可以甩锅，但面对自己的时候，我是心虚的。然而我也深知自己在课程设计方面的能力不及。老殷的这本《寻找语文的可能性》得以出版，作为读者，我是幸运的。

“从教材出发的读与写”这一章节中，老殷对教材进行整合、拓展，推崇批判性思考，解决了“教教材”还是“用教材教”的问题。“战争中的恐惧、仇恨和勇气”“发现母亲”等文章，体现了教师从科目到课程的意识转变。而在“主题词下的读与写”中，我读到了老师对学生成长的关注与体谅。这或许是几年前老殷希望有更多话语权的初衷，现在他用一种直接也最有说服力的方式将之呈现。

“我还深刻地记得转入红蕾（张家口一所民工子弟学校）那天，是个异常阴冷的日子，环顾四周，全都是陌生而又充满好奇的面孔。目送老爸远去的背影，我感到莫名的孤单。”“这学期开学，我们班来了新同学武洋，我在他身上看到了五年级时我的影子：孤单，胆怯，疏远。我可以断定他的成绩不好，可有些老师却不怎么在乎，因为我恍惚间听到老师说过这样一段话：‘某某怎么办呐，她是本地人，她这样中考的时候一个班要被她拉下好几分呀……’那么，外地人不必担心，在合适的时间会离开，真的是这样吗？”这样一篇随笔，引发了殷老师班里的“家校共同体之外地人的痛，你们不知道”的家校主题读写。老殷曾经说起过自己成长的经历：中学的时候，他是个游戏迷，被安排在教室后面的角落，高考勉强考入本省的一所师范院校。十几年来，在他的教育教学中，他一直想要回到过去，安抚那个不引人注意的孩子。因此他的课程设计试图解决学生成长过程中的问题。

四

十几年前，从市区到乡下的公交车上，老殷是一道独特的风景：手持书本，沉浸其中，怡然自得。他还给《中国教育报》的“共读十本书”写过专题。

作为语文老师，专业性阅读是必不可少的，但又远远不够。前两天，老殷自称“盐野七生小迷弟”，而他身边的人都知道，老殷在读书上是“花心”的。哲学与文学，是他早期的阅读范围；教育、儿童文学、经济和历史，是他成为父亲之后的阅读重点。他有自己的阅读趣味，又愿意站在孩子们的立场上，这让他做整本书阅读时有更开阔的视野，又具备足够的专业鉴赏能力。

“整本书阅读”已经成为中学语文教学的任务群，探索其中的方法和途径，将是一个拥有无限可能性的任务。殷老师的这本书，给我们提供了一种可借鉴的可能。

读者翻阅这本书，可能会觉得本书的第一章节显得琐碎。而当我们真的静下心来，会发现“琐碎”才是日常教学管理的常态，而这有时简直让人气馁。从这个意义上来说，殷老师的这本书的确是一本接地气的书。

五

就在我写这篇文章时，殷老师又投入到《傅雷家书》的整本书阅读准备工作中去，他给自己安排好了暑期任务。

在期末检测时，他看到语文试卷上有一个 8 分的题目:《骆驼祥子》中祥子的悲剧是个人还是社会造成的？一个学期，殷老师用了近十五节课完成这本书的阅读，也深入讨论了试卷所说的问题。他的学生是幸运的，可是老殷却是忧虑的：按照现在的语文课时安排和其他复杂的原因，无学生立场的试题导向，带来的会是更多的无可奈何。

老殷，是一个真正的老师；但有时，他真的只是一个“笨小孩”：他分明也想要功名利禄，可关键时刻，又总是抛到九霄云外。

2019 年 11 月

序二：此间的少年

史金霞

有一头“熊”，我们亲切地叫他“英国熊”，其实，他来自湖北、落户江南，名叫殷国雄。

一想到要写一篇关于这头“熊”的文章，我的脑海中，就闪现出了这五个字：此间的少年。

一

刚认识的时候，我刚30岁出头，女儿9岁，以名师的身份亮相学校；他20多岁，恰同学少年，风华正茂，年轻的面容上透着些许桀骜。听完我到学校后上的第一节公开课后，他说，这才是真正的语文课！

就这样，我们成为了同事。

其实，只是名义上的同事。他在学校的初中部，我在有一街之隔的高中部，除了全校一周一次的例会，我们一起开个会，原本是不会有什么交集的。

我说“原本”，也就是说，我们事实上有了交集。而这交集，与其说是因为同事之故，不如说是因为同气相求。在学校的初中部，有几个20多岁的年轻人，我和他们都成为了好朋友，我们的友谊已经保持了十几年，并且还将继续保持下去，终生不渝。这些可爱的年轻人中，就有殷国雄，以及他能干而低调的妻子，石玫。

此时的我，坐在电脑前，听着《弥赛亚》，沉浸在对青春岁月时缔结的珍贵友谊的回忆之中。

12年前，港城的某个小酒馆里，我们三五好友相聚，谈古论今，谈天说地：历史、文化、教育、民生、政治、经济、现实和未来……太息复太息后，又彼此勉励。灯火明灭之间，我看到了一张张青春激昂的面孔，一颗颗火热跳动的心，其中便有少年殷国雄。

少年殷国雄是什么样子的呢？

他瘦瘦高高的个子，白皙的面庞上，架着一副蓝幽幽的眼镜（我一直不知道那是因为他的镜片厚呢，还是他选的镜片材质特殊，抑或是我的错觉）。他从不喜欢带水杯，总是拿着一瓶矿泉水，夹着一个听课本，荡悠着两条大长腿，突然出现在我的教室门口，来听课。

举手投足，落拓不羁，有那么一点点像作家许知远，有一点点傲气，一点点羞涩，还有一点点可爱的、孩子气的——狡猾。

二

不了解殷国雄的人，很容易认为他是一个愤世嫉俗的小伙子，或者认为他一定是书读得太多读得呆掉了，那么不通人情世故。

了解他的人，即使到现在，也不会认为他已经成长为一个老于世故的人。也许，这位手拿矿泉水的少年，永远都不会捧起一个泡着枸杞的保温杯，正如他的胸膛里，火热永远都不会消散，正如他幽蓝的镜片后面，光芒永远都不会熄灭。

千万不要以为我是在为你们刻画一个完美的少年，他可是有着一箩筐的“坏毛病”。

他常常做些让人感到匪夷所思的举动，经常婆婆妈妈，唠唠叨叨，被他妻子石玫戏谑地唤作“殷大嫂”。

他怕死怕得要命，二十几岁，眼睛有点小毛病，就成天提心吊胆到准备安排后事，以至于念及于此就两泪汪汪，这个梗每每被石玫拈出来取笑一通。

他读了很多经济学的书，可是理不清自己家的资产，置产置业，全靠妻子张罗计划，我们常常开玩笑地说，如果离开了石玫，就算他脖子上挂了张大饼，也极有可能会被饿死。

他的字很丑，不管是钢笔字还是黑板板书，完全违背了“字如其人”这个规律。他的电子文档也是极其凌乱的，从来不会排版，不会调整字号、字体、行间距，扔给你的，永远都是乱七八糟的样子……

是啊，这才是一个少年该有的样子，虽然不甚完美，但是不拘小节、率真自然、风度翩翩、爱憎分明。他对喜欢的人，两肋插刀、在所不辞；他对憎恶的人，不屑一顾、嗤之以鼻。

当年，这头看起来不谙世事的“英国熊”，曾经做过一件让我终生难忘的事情。2008年的某一天，我被另一个校区完全不认识的一些同事误解、非议乃至于恶意中伤，正当他们在办公室里对我进行“缺席审判”的时候，这头“熊”怒不可遏，拍案而起，发出警告，凌厉地为一个彼时与他并未有什么深厚交情的人仗义执言、主持公道。而这件事，我是在多年以后，才从当时在场的其他人口中听说的，即便后来我和殷国雄成了很好的朋友，他也从来没有给我讲过这件事情。

三

我仔细地思考了很多天。

作为好朋友，这十几年里，我给过他什么呢？

倾听，建议，批评，帮助……我们是在工作、生活、梦想、心灵、精神等各个方面，都有过密切交往的朋友。

作为一个70后，一个经历了一些生活风浪的人，为年轻的朋友安心定志、出谋划策、排忧解难……我觉得这些帮助，不独我可以给予他们，其他人也同样可以做到。只是，恰好在那些青春岁月中，我们遇到了彼此，成为了好朋友，走进了彼此的生活中。

作为好朋友，在教育方面，我想，我给这位少年最大的影响，应该是满怀信心、希望与热爱。

像所有聪明颖悟的少年一样，他凭借自己的天赋与才华（何况，他还热爱读书），就可以成为与众不同的老师，受广大学生欢迎，让有些同事敬服，使领导又爱又恨。而少年的心中，难免有些沾沾自喜，有些孤芳自赏，有些怀才不遇……此间的生活，殊多不易，有多少这样的少年，或偃蹇抑郁、蹉跎老去，或腐朽败坏、同流合污，或忍无可忍、逃离此间。

而这位少年，从我认识他到现在，已经十三年了。

今天早晨，他发了这样一条朋友圈：

教后简思：复盘此课，首先是遗憾，特别是上课伊始，为了让学生呈现完整的思考过程，显得有些生硬用力。这固然和学生只重结论、轻过程有关，也和我上课开始有些紧张、思维不够灵敏、应变不够有关。

但此课贵在真实——出现了学习障碍，还原了师生努力解决问题的过程，有结果呈现。我以对话来推进课堂进程，特别是以小组为学习单位，组织学生对话。所有疑问，几乎都是学生自己解决的。

本次公开课，我希望以学生的真实需求作为课堂教学的触发点，所以思考再三，安排了学生提出问题、互相答疑的环节。作为经济学爱好者，我认为归还学生输出问题的权利才是学习权利的真正归还，只有这样，学习才能真正发生。下次再上公开课，我会胆子更大一些。公开课需要呈现真实的学习过程，展示施教者的教学理念和方向，它提供研讨材料，对于课堂出现的各种问题，着眼于如何解决。没有完美的课，但要有直面真实、解决问题的勇气，并为之持续努力。

四

是的，你已经看到了一个持中秉正、冲淡平和、醉心于教育工作的教书先生殷国雄了。而我，亲眼见证了这个少年的成长过程，他一次次站在教育人生的十字路口，作出艰难而笃定的选择：

20 多岁时，他发现了教育的美好与深邃，意识到这是一项需要智慧、热爱、耐心与毅力的伟大事业，慢慢沉下心来，钻研琢磨，逐渐爱上了教师这个职业……

30 岁出头，他下定决心离开名校，回到起点，为了可以更好地守住教育的自由……

面对乡村学校不尽如人意的教学条件，他慢慢调整心态，大胆改弦更张，一步一个脚印，竭尽所能地开拓创新，因地制宜地去开发课程，与那些生长在泥土中的孩子共同成长……

所有这些成长的轨迹，最终凝聚成了这本书，摆在了我们的面前。

就像这位少年所说的："没有完美的课，但要有直面真实、解决问题的勇气，并为之持续努力。"这当然不会是一本完美的书，这是属于这位少年的一本告别之书：回望过去，历数自己在教学生涯中所做的那些探索实践，其间的真挚坦诚，会打动每一个热爱教育、迷恋教学的人，哪怕你也许并不完全认同他的理念和做法，那也无妨；这也是一本未来之书：我无比坚定地相信，这本书中的许多想法，在不远的将来，大多会被这个少年以其更加深刻的思考、更加稳健的实践、更加纯熟的笔触，付诸笔端，耕耘在教育的园圃之中，开花结果，大放异彩。

而对于他，我的老朋友殷国雄，我只祝愿他永远年轻，永远热泪盈眶，向下扎根，向上生长，此间的少年，你所做的，一切顺利！

2019 年 10 月 28 日
于苏州

第一章

应对教学管理的挑战

我个人以为，从在学校工作的第一天起，一个老师面临的最大的挑战是如何进行有效的教学管理，保证教学有序、学生自律、家校信任……

这些工作看似细碎繁琐，却是每个老师教育教学的基础，没有良好的教学管理，教学和课程实践只是一句空话。

2011年，是我做教师的第八年，我从市区一所可以提前招生的私立学校重新回到张家港第八中学，这是一所公办城郊初中，也是我毕业头两年工作的学校。工作学校和学生的变化，使我开始关注、思考和摸索教学管理，以应对全新挑战。

年轻的时候，我觉得在这个城郊初中教书太委屈了，没法实现抱负，总想去个所谓的好学校证明自己。究其根本，这不过是一个人需要通过外在表象证明自己，缺乏自我认同。去城区的私立学校一待六年，却因某些原因，我又不得不回来。我骨子里喜欢挑战一切既定秩序，这种性格，对做课程是好事，但就处理人际关系来说，是个严重问题。我越来越虚荣狂躁，一方面觉得自己不适合这个环境，另一方面又享受学校光环，但内心还是希望自己踏踏实实做点事情。在这种情况下，我只能改变自己，加之担心私立学校的工作存在不稳定性，所以就回来了。

回到八中，同在一所学校工作的妻子不止一次表示："我什么都不担心，唯独担心这边学生很难管。我们这儿生源流失太严重，几乎没什么好学生。你上课怎么和他们对话啊？你上课的水准下降怎么办？"我被说得有些恼火："我又不是没在这里待过，心里有数。""今时不同往日，比以前更复杂，以前还有点好学生，现在一个班能上普高的也就十来个。别说我没提醒你。"妻子又开始念叨。

第一次教学会议，分管初一的副校长看着我："你得有心理准备，你现在的这些学生可不比从前。"旁边的同事都友善且同情地微笑，我故作平静，回以笑容，掩饰内心的不安。

我很多次借用茅卫东老师的话告诫自己："老师不能挑学生，如同医生不能挑病人，我已是一个农村教师，就应该有勇气面对这一切。"话虽这么说，可真正面对现实时，我还是有些傻眼：外地户籍的学生占到一大半，能达到普高录取分数线的，一个班级也就十人左右。中考结束后，大部分学生都进入职业中学。简单的两首古诗默写，全对的学生不过十来人，文言文默写和基本字词解释过关的只有四五人；全市统测，评估新初一学生的语文能力，一百分的试卷，考二三十分的大有人在，还有个别智力低下的孩子，分班考试时语文得零分；语文课上，想和他们深度对话，我多追问一句，学生大都以沉默回应，很多学生读句子磕磕巴巴，不少人能把翘舌音一平到底；每个班都有几个从小就不写家庭作业的学生，老师讲道理、发脾气，根本没用，说急了，个别脾气暴躁的学生甚至和班主任“摔跤”。

向一些家长寻求帮助，友善礼貌的会说“回去抓紧”；有些家长起初以“工作太忙”为由，不来学校，好不容易来了，也只是反复强调“老师，道理我说了，但不听我的啊，我晚上还得加班，没法管他的作业”；个别脾气暴躁的家长还和老师起冲突，甚至恶语威胁班主任……这些家长大都是忙于挣钱养家的工厂上班族，学校在他们心目中就是廉价安心的托管所。

气归气，可日子还得过。我实在不想天天碎碎念，活成一个怨妇，见人就唠叨学生有多差。我冷静下来，想想自己对待学生的姿态实在大有问题：我自诩优秀，教书尽心尽力，还这么委屈自己，学生就得服从我、感激我。这实在虚荣得近乎狂躁，得好好治疗。

在私立学校的六年，我根本没有仔细思考过真实的教育。对课堂的揣摩与用心，与其说是关注学生，不如说是追求自己教学技能的进步。自诩喜欢教学，我却从没认真想过：怎么激励学生？怎么布置作业？如何促进家校合作？……

我得重新学习做一个老师，学着直面问题，尽力解决问题。以前不关注教学管理，源于学生整体的习惯不错。但全新的环境下，我得去了解，去学习，去寻找真正有效的教学管理。

教学管理1.0版：小组积分和集体奖惩

参考妻子的班级管理方法，我把学生分成小组，设定了小组积分奖惩制。我划分好学生小组名单，确定好基本方案和框架，已是深夜，想想以前在私立学校的逍遥日子，差点被自己矫情得哭了。

按照第一次段考成绩，我编排出实力接近的学习小组：一个成绩排名前十的学生搭配一个学习成绩中等的学生，再组合两个排名中等偏下的学生。

至于班里四五个学习习惯特别不好的学生，我给他们精心挑选组长，让他们分在不同的学习小组里，和组长同桌。同组其他人的学习能力和习惯则良好，否则组长精力有限，无法组织带动小组有效学习。

这些被我精心选择的组长学习能力强，性格果敢，勇于负责。只有学习能力强，他们才有时间帮助督促这些让老师都头疼的学生；只有性格果敢，勇于负责，面对这些从小就不做作业、不背书的同学，他们才敢于直面挑战，不言放弃。

学习组长的人选非常重要，起初选组长，我更多以考分为参考，现在宁愿选择一些学习能力稍弱，但有耐心有办法的学生。懂得管理的小组长愿意付出，脑瓜子也转得快，会在双休放假时给组内个别同学甚至家长打电话发短信，提醒他们准备好周一的早读默写；为了评比分数，有些组长自愿放学留下，帮助组内个别同学完成当天的重默；妻子和我说，中午去食堂的路上，她听到我的组长还在给小组成员抽查古诗文背诵……

语文教材要求的背诵默写，对于习惯不好的学生是极大挑战。为督促他们，很多语文老师花费大量精力，无暇实践其他内容的教学。我划分学习小组，很大原因也是为应对教材和考试要求的背诵默写。否则，两个班级，八九十个学生，每天的默写批改加督促订正，就够我焦头烂额了，哪里还谈得上教学理想和情怀?

我的小组管理先从督促学生的默写与订正开始。全班分成十个小组，第二组批改第一小组的默写并督促其订正，组长记录日期和成绩，各组以此类推。这样设计的优点在于每个小组不产生利益关联，避免相互放水、互行方便。每个学生当天的默写分数都折算成不同的个人积分，计入小组总分。比如默写全对就获得 8 分的个人积分，默写 90 分就获得 4 分的个人积分，默写 80 分就获得 2 分的个人积分，成绩不满 80 分，就没有个人积分。当天完成订正和重默，每人还可加上 2 个积分。周五，学习组长计算自己小组的积分，与批改小组完成核对。本周积分排名前两位的小组，成员免去周末作业；积分垫底的小组，除了周末家庭作业，每人多写一篇作文。

周四周五，小组自核积分，很多积分居中的小组免作业无望，但也不用多写作文，就丧失努力的欲望。有免作业的希望，才有努力背书认真默写的动力。于是周四周五，我就布置难一些的默写内容，以个人积分翻倍进行调动。

因为语文学习的实际需要，也为促进小组成员间的默契和信任，我会开展以小组为单位的综合实践活动，比如诗歌朗诵、课本剧表演、集体创作歌词并演唱等等。学习小组的存在不只是为完成背诵默写，它应是常态的学习单位，进而升级为学习共同体。

学习小组积分排名的奖惩制，帮我解决了很多难题，特别是管理学生的背诵默写。一个学期实行下来，我任教班级的语文期末成绩提升很大，特别是默写部分，满分人数居然和我以前在私立学校任教时的人数差不多。

从对默写、订正的批改中脱身，我才有精力实践读写教学，尝试变革。因为免作业或罚作文，学生也愿意彼此督促，互相激励。很多时候，同学之间的感情和信任，远超老师的威逼恐吓：有些学习习惯差的学生，老师毫无办法，他们却听得进去小组成员的建议，愿意约束自己，完成基本的学习任务。

不过，以学习小组为单位的积分奖惩制，究其本质是无视个人差异，以“连坐”方式施行集体惩罚，更以恐惧制造集体压力，逼迫个人屈服，一定程度上诱发激化学生之间的矛盾，摧毁他们的信任与体谅。小组内部不断地埋怨争吵，成员之间仇视敌对等一再证明——任何反人性的管理模式都不可持续。而在次数有限的小组实践活动中，成员之间无法建立稳固的默契和信任，学习共同体的构想也成空想。

到后来，我越来越觉得有必要对它进行改革和升级，只是苦于找不到方法。

教学管理 2.0 版：个人积分和加油票

2012 年的下半年，我看完雷夫的《第 56 号教室的奇迹》[1]，该书中所述教学管理模式是经济学思维方式下的构想和设计，引起我和妻子的极大兴趣。

受此启发，我对小组奖惩制进行变革，保留学习小组和学习积分的基本框架，只是从小组集体奖惩制转向以学生个人学习积分为依据的激励制度。学生每次默写、作业、课堂发言的结果都换算成个人积分，个人积分达规定分值，可兑换价值不等的红色、绿色、黄色加油票。这些加油票可以免作业、换书籍、换桌游等等，我试图从集体惩罚走向个人激励。针对个体差异，基础弱的学生起初适当降低兑换标准；学习能力强的学生，特别是小组长，则提高兑换标准。每周小组排名依然保留，积分前三名的小组，有不同的积分奖励，组长还可额外奖励管理积分。

语文课上，以学习小组为单位，学生进行各种形式的合作学习，慢慢产生信任，从而建立学习共同体。组内讨论问题，指定专人记录，组长负责秩序，防止有人游离走神。我对小组长说，他们的能力不仅仅体现在自己的学业进步，更要调动组员共同进步，让组员参与学习，努力思考。为了竞赛结

---

① 雷夫・艾斯奎斯．第 56 号教室的奇迹［M］．卞娜娜，译．北京：中国城市出版社，2009.

果，也因为同学情谊和小组荣誉，学生愿意互帮互助，一起完成语文学习的要求。

每节课，学习基础薄弱的学生一定有机会代表小组出赛，展示学习成果。他们从起初的沉默不言、只负责记录小组讨论成果，到参与小组讨论，直至课堂上当众发言分享……他们感受到安全与信任，慢慢变化，点滴进步。

一个班级，处于两极的学生毕竟是少数，大部分是普通的中等生。这些中等生表现不出色，但很少惹事，人数又多，如果性格安静，很容易被老师忽略，成为课堂学习的“失语者”。而合作学习，就是要实现“沉默的大多数”的学习权利。大多数情况下，我通常选择中等生，尤其是胆小内向的中等生作为小组发言人，代表小组进行 PK，调动他们参与学习进程的积极性。

学习文言文字词解释，先是小组内部交流探讨，然后以小组为单位比拼学习成果，参与小组比拼的所有学生轮流回答老师的提问，产生胜出者。以小组为单位的学习成果展示与竞争，已经成为我的课堂教学的主要模式。它能让学生有集体归属感和荣誉感，尽力参与学习，从而实现每个学生的学习权利。

默　写	家庭作业	课堂小组赛	一周小组积分排名
默写 100 分 =8 个积分	每道题目全对 =2 个积分	胜出小组 每人获得 2 个积分	小组第一 每人获得 8 个积分 组长获得 6 个管理积分
默写 90 分 =4 个积分		非小组成员的其他学生交流发言，有理有据，获得 1 个积分	小组第二 每人获得 4 个积分 组长获得 3 个管理积分
默写 80 分 =2 个积分			小组第三 每人获得 2 个积分 组长获得 1 个管理积分
当天完成重默 =2 个积分			

类　别	兑换分值	免作业	兑换书籍	兑换桌游
黄色加油票	组员 90 个积分 组长 110 个积分	两张黄票免除一篇作文	三或者四张黄票兑换书籍一本	四或五张黄票兑换桌游一副
蓝色加油票	组员 50 个积分 组长 70 个积分	一张蓝票免除自默古诗词作业		
红色加油票	组员 20 个积分 组长 30 个积分	一张红票免除当天的抄写作业		

《游戏改变教育》① 中提到教学形式借鉴游戏的随机性和趣味性，可使学生持续有新鲜感和参与感，受此启发，我尝试摸索。

每次期中期末考试结束，我依照妻子的做法，进行不同颜色的加油票抽奖。一个学生抽取学号，对应学号的学生要是握有相同颜色的加油票，就可额外获赠加油票一张。课堂的发言分享环节，学生以抽签和猜拳，决定小组发言次序。此外，我还打算做一些供学生抽取的随机卡，如胜出分数翻倍卡、发言场外求助卡等等，以不确定性和随机性打破日常教育教学的循环往复，激发学生学习的兴奋性与主动性。

为鼓励学生完成更高难度的作文练习，且受新媒体运营启发，我拓宽了文章展示和奖励渠道。以前批改学生作文，我会挑选优秀文章，发布在自己博客里或者投稿到作文报刊。但作文报刊版面毕竟有限，也不可能每期都发表我的学生的文章；发布在自己博客里，学生文章得到的反馈很少，激励有限。为解决这些问题，2017 年的下半学年，我把优秀的学生习作上传至自己的简书账号，并在朋友圈和家长群转发，希望文章获得观者打赏，以此作为稿费发放给学生。这种方式，不但鼓励学生写作，也向家长反馈学习内容和学习效果，获得了极大理解和支持。

时代在变，学生也在变，与其感叹学生越来越难教，老师不如开放心态，真正理解这代人的成长背景和时代特点。奖励机制正是基于以上考虑形

① 格雷格·托波 . 游戏改变教育 [M]. 何威，褚萌萌，译 . 上海：华东师范大学出版社，2017.

成的。学生的努力成全了我的努力，他们也理应获得尊重与回馈，所以我通常拿出发表教学案例的一半稿费，用来购买文具用品、书籍和桌游等等，学生可以用对应的加油票兑换。我特意把《很久很久以前》《三国杀》这些桌游作为兑换奖品，这些桌游既可作为我的教学用具，又能勾起学生努力学习挣积分的欲望。

回忆这段经历，学生觉得这样的管理方法很特别。

周　援：他又是一位很独特的老师，教学方法和其他老师相差很大。他让我们四五个人组成一个小组，上课一起讨论、回答问题。一开始，我对这种方法嗤之以鼻，慢慢地我发现自己回答问题的水平有了提高，自己有困难，组内成员也能帮助一起解决。我开始对老师刮目相看。

季嘉媛：要说初三这一年，我对语文有什么印象深刻的地方，便是我们般老师独特的教育方式。语文本来就是要靠基本功和理解力的学科，初一初二，我们养下了很多坏习惯：上课不听讲，传小纸条或者交头接耳……一点语文的基本素养都不用心积累。我以为就这样下去了，可般老师的到来，打破了这个局面。

般老师将我们分成了4人或5人的学习小组，围坐在一起，让我们一起讨论问题；搞积分制管理，我们的默写会有一定的积分，得到的积分达到一定数额，就可以换书籍等奖品。这极大地调动了我们学习语文的积极性。

刘子琛：不出所料，般老师上课的方法，是大家上学这么多年都没有遇见过的。他用小组讨论带动了大家之间的合作和默契，我们每个人要积极动脑，因为你不动脑，就会被同组成员牢牢看住。最令人惊奇的，还是积分制。作业、默写、上课回答都有积分，积分可以换取奖品和免作业。

从实践效果看，个人积分和加油票结合的教学管理远超小组积分评比。上文的刘子琛同学其他学科基础太差，很多时候在神游，语文课上却是小组讨论与分享交流的活跃分子，默写和作业几乎都能按时完成。剔除母语学科的特殊性，这足以证明学习者成就感和自我认同的重要。我的学生多是普通孩子，失败的体验已经很多，所以我想法子用各种方式让学生获得认同感。小组竞赛、个人积分和加油票、文章的转发打赏、兑换奖品……都是希望学生知道自身价值，懂得自我努力。

展望教学管理的3.0版：自我管理与公共生活

重庆张万国老师设计了“四级六部制”的班级管理框架，班级设有班史司、财务司等等，四十二个学生，人人有职务，分管“立法、司法和行政”。学生自己讨论公约，订立奖惩，班主任只可旁听，不可插手。看完重庆卫视的采访专题片，我很激动，认定这是自己未来努力的方向。

最好的教学管理永远是学生的自我管理，只满足于用奖惩控制学生，不去关注学生的自我管理，自我成长，即使花样翻新，意义终归有限。

因此我一直想学习和实践“罗伯特议事规则、现代司法的庭审制和辩护人制度”，把这些公共生活的文明规则引入日常教学管理，让学生进行体验和实践，让自我管理与自我成长得以生根滋长。我将来一定得做这件事，但现在最大的苦恼是自身能力不足以支撑这些预想。这也证明学校的确应该是一个开放的公共空间，向所有学有专长的人开放，打破教师专业背景趋同化的局面，满足学生多方面的需求。

每个学生起点不一样，我对他们要求也不一样。无论运用何种教学管理方式，我都会努力让学生超越自己取得进步，发生变化。然而，“变化”本身并非全部意义，哪怕学生不做任何改变，我也得这么做——这是对自己的要求和期许。我不能要求学生一定达到我的预期目标，这也是变相强制。对我来说，做不做是一回事，成不成那是另一回事。

面对纷繁复杂的教育教学日常，挫败感是教师的心理常态。在城郊学校教书，更是如此。有时下课，我会沮丧得一动不动地坐在椅子上，觉得学生不再需要我。但沮丧归沮丧，学生有问题，老师只能想办法让他自我觉醒、自我改变，不管是强制还是鼓励，都要以学生的自我反省、自我成长为着眼点。但有的学生，的确不想念书，无论用什么方法，对他们来说，作用不大甚至不起作用。在义务教育的福利制度下，有些父母觉得教育成本低，自觉或不自觉地暗示自己的孩子混到初中毕业再做打算。

班里有位学生，初三一年几乎没好好写过家庭作业，天天早上眼睛红红，据说晚上打游戏到很晚。聊天鼓励，家长约谈……我试过了几乎能想到的所有方法，都没什么作用，我们几个科任老师也只能听之由之。中考之前的最后一次家长会，看不见他母亲人影，也没有电话沟通。中考结束，这个学生的分数就不说了。他母亲在家长群发问：有没有人和小齐一起去外地职业学校念书？毕业以后可以去高铁站上班。我心里很纳闷：为什么白白浪费孩子的青春？明明可以早点找个学校学技能，时间难道不是成本？

我明白义务教育的关怀用意，也看到了义务教育对普及教育的巨大功效，不过就实际情况来看，教育成本转嫁他人，使得不少学生只是混完时间，和受教育没什么关系。从现实看，单一的教育内容、评价标准、办学格局，确实也让不少学生失去选择。你不能说他们不爱学习，只能说他们不适合义务教育的教学内容与学习方式，只是宝贵的年少时光，白白浪费，确实让人难过。对这样的学生，做老师的也实在没什么好办法管理，人数多了，受影响最大的还是想读书的学生。这样看，薄弱学校分重点班有它的现实合理性，虽然，我没教过重点班。

从对抗走向合作的家校关系

良好的教学管理，离不开学生家长的理解与支持。现实中的家校关系，实在一言难尽。面对学校和老师的要求，很多家长要么为了孩子得利，过分巴结；要么害怕得罪老师，默不作声，成为学校和老师下达任务的执行者，拒绝表露真实诉求。而有些问题学生的家长直接示弱："老师，我管不住，你看着办吧，随便你怎么处理。"少数家长甚至和老师摊牌对掐："你罚我的孩子试试，我要去找校长和教育局讨说法。"

部分学校和老师应对家长，常常缺乏倾听与理解，显现傲慢与偏见。碰上蛮横不讲道理的家长，学校又缺乏有效应对策略，很多时候选择委屈当事老师，求得息事宁人。本来最该关注的当事学生，因为家校冲突，老师睁只眼闭只眼，不求管出成效，只求不生事端。

正常的家校关系，不是顺从和敷衍，更不是对抗与压制。它应该是家校信任，互相合作，明确权力边界，共同着眼于学生问题的解决。

回到张家港第八中学的这八年里，对待家长，我从强势蛮横到慢慢理解，试着建立彼此间的信任，互相支持，共同努力于学生的进步与成长。

压制和对抗的家校关系

在私立学校工作六年，我看到不少学生家长投诉孩子的任课老师，甚至逼得老师转岗离职。因为某些家长不满新入职教师缺乏经验，总有些老实本分、工作勤奋的年轻老师倒霉中枪。

因板书字迹与教学内容选择问题，我被家长投诉过好几次。日子久了，我对家长缺乏信任，他们提出的关于教育教学的任何想法和建议，我都视为对教育教学缺乏尊重和敬畏，态度强硬地予以回应。

有一次，一位家长发短信给校长，投诉我板书书写糟，上课进度太快。看了校长手机上的投诉短信，我直接把电话拨过去："我上课快，是你孩子一个人觉得，还是全班都觉得？如果是你孩子一个人，那不是我的问题。至于板书不好，我一时改不过来，当然我会努力。有什么事以后直接和我说，反正最后还是找我解决。"电话那头的学生妈妈迟疑一会儿："殷老师，你不会对我孩子怎么样吧？"我冷笑一声："你觉得呢？"孩子妈妈犹豫了一会儿："我相信你的师德。"我不客气地回了一句："谢谢！"

因为态度强硬，有一次，校长甚至让别班的班主任替我向家长解释事情原委，让人哭笑不得。

2011 年，我回到张家港第八中学，这里的家长和私立学校的大不相同：那边是部分家长过度关注，这边是很多问题学生的家长撂担子不理睬。

2014 年 4 月，离中考还有两个月。一位张姓学生放学不写家庭作业，还去网吧打游戏。我十分气愤，有天下午放学，直接把他留在学校补作业，通知家长作陪。这学生磨磨蹭蹭，时间转眼到晚上七点，该完成的默写还是不会。

我急了，吼了两嗓子："为什么这样啊？"

"我不会啊！"小张一脸懵懂，他的妈妈站在一边，面色平静，好像这是别人家儿子。

"你有没有认真背？每天晚上去网吧打游戏，你有花时间背书吗？"

"我不会啊，我背了也不会啊。"小张语气平静得如同参透生死的高人，我恨不得立马让他退学走人，只可惜，做不到啊。

我转过头去，对着小张妈妈，满脸通红："你就不会抽两下？这么嚣张，你们家长怎么教育的？"

"你打，我支持你打，我管了没用。"小张妈妈全力支持严打的心态让我抓狂。

"那先回教室再背背，你也再陪陪。"我不折不挠。

折腾到八点，母子俩回家，我还是气不顺：典型问题学生的背后是问题家长。现在想想，我也犯了典型问题老师的典型毛病：学生说不会，我居然没兴趣问问他的困惑和难点，反倒觉得自己被挑衅，暴跳如雷，挑动家长情绪，希望她以暴力教育小孩，泄我之愤。

有些问题学生从小学就不写作业，我的回应就一个：家长过来陪写作业。

实话说，这些学生的学习行为多少有些改变，考试分数多少有些提升，毕竟晚上在学校补作业的滋味不好受。

2014 年中考结束不久，我到银行办事，碰到一位刚毕业的学生小黄的妈妈，她在银行大堂工作。小黄妈妈也是好几次到学校陪写作业，聊孩子问题，她也通情达理，总是赞同我的观点，全力支持我的要求。我正准备打个招呼，可没想到，她从我面前直直走过，当我透明，嘴角还有一丝冷笑。

好不容易平静，不承想，我又碰到一位多次到学校陪写作业的相熟家长，这个妈妈同样挂一张冷脸，正眼都没看我一下。

我突然明白，自己的骄傲蛮横，深深地伤害了她们。孩子在我班里读书，那是肉票在手，家长不得不忍。学生毕业，家长的反应才是内心真实的想法。我晚上饭不吃水不喝地折腾学生全家，除了可怜的分数提升，还有别的意义吗？

理解与合作的家校合作

问题学生的背后一定是问题家长，这话基本没错。但必须加上一句，解决学生问题，必须依靠这些家长。我的学生家长，都和我一样的是普通人，很多人都背井离乡，辗转打拼，为换取家人更好的生活而辛苦忙碌。对于这些家长，教师应有起码的尊重。训斥问题学生的家长，除了发泄情绪，加剧家校对立，还有什么别的作用？而且我也没权利教育学生家长。

谁不想自己的孩子念书好还有人夸？但的确是各种原因让很多家长疏忽了教育孩子。孩子的现状已经这样，他们又茫然无措，不知如何是好，只好麻木回避，拖到孩子初中毕业，走一步看一步。

所以，我现在一般不轻易找家长，除非问题特别严重。对那些学习习惯非常糟糕的学生，我会事先和家长打电话，说说现在的问题，希望家长可以中午抽出一小时到学校会客室陪写作业，以家长和老师的软磨应对学生的懒病。

和家长见面，我一定找张凳子，让他们坐下，以示尊重。依据组长的积分记录，我详细指出学生最近的问题，听听家长的看法，共同找出学生问题的根源。但我们更多的是商量解决问题，明确家长和老师各自做些什么。

家长首先是人，人要有希望，和家长谈学生问题，我一直都说：考试不等于学习，学生考不上高中，但只要勤奋努力肯学习，总会有前途。我们不能在原则问题上退步妥协，基本的学习任务一定要完成，这关乎他对自己的看法，不能让他对自己没要求，混吃等毕业。只要我们家校配合好，无论分数还是习惯，都会进步。相对于自己取得进步，就是好成绩。只要不偷懒，对自己有要求，将来都不会是家庭负担。

2018年，我任教的初一（2）班有个学生小胡，听班主任说他从小学开始就不背诵不默写，一个人坐在教室最后一排。因为作业拖拉不写，他父亲被我叫到学校，本来指望起点儿作用，没想到父子俩差点在教室干架。我硬着头皮拉开两人，等小胡情绪平复，问他和父亲到底怎么回事。原来父母离异，他很仇视父亲。向我讲述过往时，他牙齿咬得咯嘣响。

我把小胡的想法转述给他父亲，建议他和小胡母亲一起到学校，看看两人可以一起努力做点什么，解决这孩子的问题。

过了两天，小胡父母真的一起来了，小胡母亲指责孩子父亲什么都不管，不负责任，小胡想探望自己，他父亲都不同意。提到自己的教育方式，她强调只要自己开口，哪怕让孩子下跪，小胡都会顺从，今天的局面，都是父亲的问题。但她确实很苦恼小胡的毛病：小学同学不理睬他，他甚至要和班级所有男生打架。妹妹不愿意与他分享玩具，他宁可强抢拆毁。

听得出来，小胡父母的教育简单粗暴，要么放任要么暴力，根本无法进入小胡内心，不了解小胡的真实想法和情感需求，导致儿子浑身戾气，自我孤立，缺乏安全感。我只能劝小胡父母以孩子成长为共同着力点，不要当着小胡的面互相拆台。父亲一定要让母子接触，放了假，父亲可以亲自送儿子到母亲那里，表现修复父子关系的起码诚意。我不建议父亲频繁使用暴力，那只会让小胡更加暴躁。但原则问题，比如对人的攻击性，没有基本的学习自律意识，希望父母一定不要妥协，软磨硬泡，绝不退让，让小胡知道行为边界。

父母来了一次学校，小胡表现好了不少，但过一段时间，他又犯老毛病，作业不写，上课有气无力似听非听。我没有办法，和他父亲电话交流，希望周末能督促他补写。

他父亲周日晚上八点打来电话："殷老师，他今天一天都在赖作业。你放心，今天我就陪着他，哪怕今晚不睡觉，他也必须完成作业。"我当时也没当真。周一中午，小胡的组长告诉我，他补写了作业。后来知道，小胡父亲发倔，打算陪他通宵补作业，小胡拖到晚上十一点多，看看实在拗不过，只好服软。

经过这个事，我本以为小胡能够消停，不想没过多久，他又懒得参与上课，作业更是一通乱写。就这样过了一个多月，临近期末，他父亲应我之约来学校，事先商量好对策，我们才和小胡见面。

当着小胡的面，他父亲提了提嗓门："你要是乐意，我到教室陪你上课。"小胡满脸笑容："好啊，我愿意。"他父亲回了句："行，只要你没完成任务，我就在你旁边坐着，看你上课。"小胡嘴角微微撇了撇，笑得有些僵硬：他没想到父亲的决心会这么大。

现在的小胡有时还是不能完成基本的学习任务，但相较以前，实在要好太多太多，更重要的是，他父亲愿意和老师一起花时间与精力矫正他基本的行为习惯，要求小胡有行为底线，不再听之任之。

小胡有个同学小成，据班上学生反映，三年级开始就没怎么写过家庭作业。自从教了他，为了作业的事，我好说歹说，和他父母也聊过好几次，但近乎没用。第一次见面，他父亲甚至来了句："老师，你说的这些也许有用吧。"满脸不以为然。他母亲也来了好几次，见面就说老师辛苦，回去一定管教，当着我的面，把儿子一通臭骂。可小成几乎就没变化。2019 年 1 月初，临近期末，小成的学习态度越来越恶劣，高兴了，家庭作业随便涂涂，要是不愿意，简单的默写也不能完成。我发了狠，想想他父亲指望不上，就联系他母亲，约定下午五点见面。

下午放学，我和小成一直等到五点十分，他母亲还不见来。我打电话，发微信，也不见回复。旧愁新怨，我瞬间情绪失控，在家长群里呼叫他父母："通个电话，电话一直不通，可能手机信号不好？约好了下午五点，现在学生都走了，我放（小成回去）也不是，不放也不是。我一直等，到晚上八点。今天不行，明天继续。"

过了一会儿，小成母亲来会客室，一脸凝重，我们三人面对面，气氛尴尬，大家都很安静。“我有点事，你先陪他把这一周的默写补完吧，他自己知道缺什么作业。七点我再过来。”说完，我就到校园外晃荡，省得自己心堵。晚上七点，我去会客室，只看见小成一人，问了情况，才知道小成母亲不是刻意拒绝回复，而是手机没电了，现在回家拿充电器了。

没多久，小成妈妈回来了，我才知道她重感冒又头疼，我顿时懊恼：怎么又犯混？自己在家长群里的言论实在过分。我首先为自己的粗暴道歉：“我在群里是公开言论，一定也要公开道歉。”

“不要不要，是我家孩子不好，老师你太客气了。”小成妈妈连连摆手。

“这个要的，但我们之间的问题不是重点，关键是解决小成的懒惰。我知道他上晚托班，据班上一起晚托的学生说，你家儿子不好好学习，倒是玩得很高兴。建议你和晚托班老师商量下，要督促他完成基本的默写背诵。”

“我已经去过了，明天再去一次。老师，他要是再拖作业，你尽管留，我天天过来陪他补完作业。小成，你要不要啊？”

小成听了这话，垂着脑袋，声音微弱：“不要，以后肯定好好写作业，肯定好好背书。”

晚上八点半，我回到家，在家长群给小成妈妈发了一条短信，兑现当众道歉的诺言，承担应负的责任：“今天情绪有点急，道歉。无论如何，我都应该把关注点放在学生身上，尽可能解决他们的问题，而不是不控制情绪。非常抱歉。我以后会更加真诚，克制自己的情绪，和所有家长一起，努力让他们进步。再次道歉。”

小成妈妈很快回复：“老师你太客气了，你是个很合格的老师，你们老师对所有的孩子都那么的用心用情去付出，你们的辛苦，我们家长也看到了。感谢殷老师辛苦教育我孩子，在这里，我也向你们所有老师说声对不起！我儿子让你们太费心了！感谢有你们这样的好老师，你们对每个孩子的确很关心！老师，感谢你们。”

打这以后，小成学习态度转变很多，作业大体能够完成，质量好坏另说。虽然时间有限，长久效果有待检验，但我觉得家校之间应该有了信任，大家愿意一起努力，督促小成养成起码的自律意识。

有些学生试探教师底线，如果教师没有明确要求，缺乏有效管理，学生问题只会越来越大，越来越多。他们缺乏学习意愿，但一定会在其他方面发泄精力，甚至诱发其他学生效仿，导致整个教学秩序失控。这样的事情，很多学校都在发生。所以，教师应对这样的挑战，一定要坚守底线，不可放任，和家长做好沟通，联手应对。

只要尊重家长，告诉可操作的方法，绝大多数家长愿意和老师合作，矫正小孩的毛病。为人父母，谁不想自己孩子好呢？怕就怕老师见面就是奚落挖苦，让家长觉得没希望，更不知道怎么解决问题。要让孩子有希望，要让家长有希望，更要指出问题，家长和老师一起商量具体的解决方法，这才是老师和家长建立信任，解决问题的基础。

边界与立约下的家校关系

“什么人都可以对教育指指点点，教育也就没有了尊严”，很多同行似乎蛮认同这句话，就和我年轻那会儿一样。但这两年，我读了一些奥地利经济学派的书籍，越来越觉得教育和餐饮旅游这些行业的本质相同，都是服务业。服务业，怎么可以拒绝公众评价，甚至无视服务对象，即学生和家长的评价和反馈呢？只有不受限制的权力才会蛮横到把批评和建议视为冒犯和挑衅。所以老师首要是转变观念：家长、学生和公众与教育和教学密切相关，他们对学校与老师进行评价，正常合理，这是人的权利。

相对私立学校，公办学校的老师更为特殊，本质就是国家工作人员，如果没有家长学生的有效制衡，权力很容易滥用。学生和家长合法行使他们在学校事务中的权利，对于教育教学的良好运行实在重要，所以学生和家长在教师、校长和学校考评中的权利需要得到制度上的承诺和实现。

很多人呼吁教育公平，但教育公平并不是每个人接受同样的教育，更非接受结果一样的教育，而是每个人可选择适合他的教育。当下教育弊端不是应试教育，而是教育服务的同质化，缺乏差异性，学生无法选择适合他们的教育。进一步放开办学市场，出现更多形式多样、风格各异的学校，满足不同学生的成长需求，才能从根子上解决学生和老师的矛盾。

从我的经历来看，义务教育本意是保障教育公平，让每个人接受基础教育。但这种国民福利让有些学生和家长无须考虑成本支出，无所顾忌。但时间也是成本，他们三年初中放任懒惰，三年补贴学费的职中又让他们浑浑噩噩。一出校门，眨眼二十的年纪，没技能没态度，他们也就习惯随波逐流，慢慢对生活失去希望。

九年义务教育，学生没有门槛的升级毕业，对于公办学校，特别是乡镇学校有着极大破坏力。不读书的学生多了，最受影响的是那些想念书的学生。对孩子有要求又有点办法的家长要么托人择校，要么花钱买学区房。本来是解决教育公平的问题，结果是不读书的学生还是不读书，想要念书的学生要么花更多成本择校，要么留下来和不念书的学生在一起。廉价且没有门槛的东西往往不被珍惜，我希望恢复留级制度，公开订立标准，给予每个学校适当比例的留级名额，让有些智力正常但缺乏基本自律的学生为自己的行为负责。

就家校关系的实践而言，老师应该和家长、学生一起商讨细致且具体的奖惩条款，家校立约，老师、学生和家长都能明确自己的权利和义务，知道各自行为边界。只有这样，对于学生的奖惩才能最大程度得到学生和家长的认可，就算有矛盾摩擦，也不至于演变为激烈的家校冲突。

第二章

从教材出发的读与写

在《被压迫的教育学》[1]中，保罗·弗莱雷提到有关教材的两个特点：首先是权威化和真理化。教材由权力垄断，教材要求和标准不容置疑，也是组织教育教学的依据，在很大程度上，教材不是用来理解的，而是被用来记忆和执行的，文科类教材尤为明显。但由于种种原因，教材要求和标准被现实“短平快”的追求，特别是标准化考试所裹挟，和教育应具有的成长关注严重割裂。其次是私有化。教师完成对教材的理解，然后传递给学生，学生对于教材的理解和发现，必须依照教师的预设和安排，他们参与教材发现和探讨的权利实质被剥夺。

要改变此种局面，教师和学生首要任务是重塑教材观念。教材是师生共同学习的媒介，是师生一起思考发现的对象。教材被提供给学生，学生提出全新洞察，教师会随之修复过往认知，完善先前观点。对教材内容与观点，师生可认可，可反对，可商榷。这样使用教材，更多的是为激起思考、激活体验、引发讨论，使教材成为师生批判性学习合作的纽带。

任何教材都是编选者价值判断和选择之结果，教师与学生独立思考、真诚地理解和探讨文本观点与逻辑，把教材看成严肃的智力成果，这才是对教材发自内心的尊重与善待。与其关注师生判断和观点是否与教材提示一致，不如着眼于观点是否有依据，逻辑是否严密。只有重塑教材观念，师生才能真正从教材出发，一起进行意趣盎然的智力冒险。

31岁前，我会把教材看作束缚，视为自己做读写课程的障碍。但这七年多，我转变了关于教材的观念，在应对现实要求的前提下，我习惯不查阅任何资料，把自己作为第一读者，介入文本的研读和备课，深度发掘教材文本的意义和内涵。没有任何一本教材可以做到完美，任何一种价值倾向的教材也都会有其受众，意识到教材的可取和不足之处，立足现实，进行个性化、创造性的教材研发与教学，这才是老师应该做的事情。所以，我会和学生一起探讨教材里的“生命观”“战争里的人性”“冷漠下的残忍”“母亲”这些话题。从教材出发，从课堂开始，让学生运用大脑，独立思考。

---

① 保罗·弗莱雷.被压迫的教育学［M］.顾建新等，译.上海：华东师范大学出版社，2014.

战争中的恐惧、仇恨与勇气

苏教版语文教材把经典名篇《木兰诗》放在七年级下册，除了探讨木兰的孝顺、英勇、不贪图名利等常规问题，我会让学生交流这样一个问题："当窗理云鬓，对镜贴花黄"，木兰如此迫不及待梳妆打扮，是不是减弱了木兰的英勇？

讨论之后，学生基本达成共识：无论如何英勇，木兰都是一个女孩，爱美是女孩的天性。替父从军十二年，同行伙伴看不出她是一个女孩，可见木兰的压抑和小心。回家就梳妆打扮，更能表现出木兰的忍耐与孝顺，更能衬托出她作为女子却上阵杀敌的勇气。把这这句删掉，木兰就缺失了一个女孩的天性，只是男性战士的翻版。

战争、英勇、孝顺也不能磨灭一个女孩的正常天性，没有这一句，《木兰诗》在我心目中不过二流水准，有此一句，足以伟大，那是对人性的尊重，是对一个正常女孩的尊重。就像我的学生讨论《多收了三五斗》，认为那些"旧毡帽们"议论热水瓶的好处，也表现了叶圣陶先生对人性的体察与尊重：贫穷之下的物质选择，除生存功用，还有便利与审美。

稍显遗憾，我从没给学生放映过迪士尼的动画电影《花木兰》，没给学生印发林达评论电影《花木兰》的文章。比较《木兰诗》和电影《花木兰》的异同，学生应该会有更多关于战争、关于女性、关于经典改编的发现和思考。

教授苏教版八年级上册的“长征单元”，我依据单元选文，引导学生阅读比较毛泽东的《七律·长征》和陆定一的《老山界》，探讨面对战争，两个作者表现的情感异同。

学生发现毛泽东对战争无所畏惧，充满豪情，比如“万水千山只等闲”“五岭逶迤腾细浪，乌蒙磅礴走泥丸”“更喜岷山千里雪，三军过后尽开颜”，毛泽东用“等闲”“更喜”，直接抒发胸中之情。在《老山界》中，陆定一也表达了英勇与豪迈之情，但还有“肚子饿了，许多人烦得叫起来，骂起来”的烦躁，“旁边就是悬崖，虽然不很深，但也够怕人的”的恐惧，“天上闪烁的星星好像黑色幕上缀着的宝石，它跟我们这样地接近哪！黑的山峰像巨人一样矗立在面前”的想象与浪漫，“我们虽然也很饿，但仍旧一气儿跑下山去，一直到宿营地”的喜悦。

我就此话题继续深入发掘：恐惧是不是一个战士面对战争的懦弱，是否可耻？讨论之后，学生认为毛泽东是非常之人，自有非常气概。面对战争里的杀戮和血腥，普通人的恐惧是正常人性。讨论提到某些国产战争神剧的桥段，有学生以为这些片子没有让人产生恐惧，反倒是让人产生向往，这不是对待和反思战争的应有方式：战争题材的影视激发起普通人对战争的恐惧，方有真正反思。

梳理完教材文本，我又在课堂上放映《雷霆救兵》《太极旗飘扬》两部电影，挑选潘旭东、林达、摩罗等人关于战争的文章做成专题讲义，在阅读课上布置“战争里的人性”的主题写作。

学生们的思考非常动人：

丁文喆：《太极旗飘扬》里，战场上逃亡的战士，有的已没有了手脚，更甚者已肚破肠穿、整个半身已经飞出去；有的被这残酷战争吓破了胆，涕泪横流，掏出自己的“护身符”不断默念神明；有的蜷成一圈，哭着喊着“妈妈”。战俘们都已放下自己的武器，在枪下发抖，他们已经投降了！

可还是惨遭枪杀。人民的惨嚎，亲人的血泪，在振泰脑海中一一浮现。“战争是因为他们”这一句话勾起了仇恨，就算对方与自己根本不认识，无怨无仇，但在仇恨的牵引下，理智早已磨灭，只要看见了身着敌方军衣的人，不论对方是否放下武器投降，他们只会一味冲上前去杀死对方或被对方杀死。仇恨有连锁反应，而这反应因为战争开始，李振泰的扭曲也开始了。

振泰抱着仇恨的心遇到了被自己曾经当作弟弟的徒弟，可这位亲爱的“弟弟”已被强制拉入了敌人阵营。振泰便把仇恨发泄在这些已经投降的士兵身上，发泄在曾经亲密的小鞋匠那里，杀死了他们。在那个时候，我觉得李振泰变了，变成了一个被仇恨掌控的野兽。

一场战争让李振泰由善良到疯狂，最后重归善良，战争对人性的折磨是多么恐怖。李振泰，从疯狂中再次遇到了自己的弟弟李振石，渐渐地醒过来，但他只是众多被战争折磨之后的极少数领悟者，甚至是幸运儿，至少他能以“真正自己”的身份而死去。

当然，战争还有许多改变不了的东西，比如亲情。影片中，李振泰对弟弟的爱从未改变过，他的种种行为大多都是为弟弟，陷入疯狂也是以为弟弟已经死了，最后还是因为对弟弟的爱，使他重新成为了爱家人、更爱弟弟的那个善良鞋匠。

王　莹：振泰一瞬间的怀疑，使搜捕队的人有机会，射杀他的妻子。这一刻的恍惚，思考搜捕队员说话的正确性，让他永远失去了妻子。如果振泰无条件信任他的妻子，妻子就不会失去生命。战争让人不得不用怀疑敌人的眼光来对待自己的亲人，甚至是自己深爱的人。

和平？和平！

宋　歌

拉宾死了。

我认识阿拉法特，但我不认识拉宾——那个为和平请命的拉宾，那个愿意放下仇恨与敌人握手的拉宾，那个死在自己国民枪口下的以色列总理。

我对于战争的认识，只是从电视上，从历史书及其他很多杂七杂八的书上，零零碎碎地拼凑出来的。

我知道鸦片战争、抗日战争、国共内战等战争，但我却不知道犹太人和阿拉伯人有如此之深的仇恨：那是一条深深的分界线，把两个民族的人们生生化为敌人。

我不了解拉宾，甚至读到这篇文章之前都不知道原来“拉”“宾”这两个字，“拉”在前“宾”在后，并且拼成一个人的名字。

但正是因为这种不了解，拉宾带给我的震撼才远比其他事物来得深刻。

这个曾经在战场上浴血奋战的战士，其实爱的是和平。真的，这不难想象——看着和自己朝夕相处的战友们一个个倒下；看着那些痛失孩子的母亲们一个个痛哭流涕；看着蓝天被硝烟染成灰色，大地被鲜血染成红色……

这个行走在杀戮之间的战士动容了，和平，成了他内心最迫切的愿望。

他的同胞在抗议，在愤怒，在大声叫嚷，抗议拉宾出卖犹太人的利益，是犹太人的叛徒！

拉宾站在这些喧嚣声中，为和平请命。

和平，就是这样啊。拉宾纵然知道自己的国民会向自己举起武器，却依旧带着信任和真诚，将自己的胸膛敞开。面对国民，他将自己的生命以毫无保留的姿态，放在隐藏的枪口之下，放在自己同胞的枪口之下。

为了和平，即使失去生命。

和平，就是这样啊。不想对别人有任何防备，再没有敌人，再没有仇恨、猜疑与愤怒，再没有那明确、残忍的分界线。

和平就是可以相信，可以微笑，可以拥抱敌人。

拉宾死了，死在了带着仇恨、猜疑与愤怒的同胞的枪口之下，死在了根本不相信和平的同胞的枪口之下。他死了，却把他所爱的和平留了下来。

不知道 1993 年 11 月 4 日的那个夜晚，天空中有没有星星……

学生的随笔从战争下的人性恐惧，逐步涉及战争的残忍、战争下的人性扭曲，最后呼吁和平，但这还不足以面对真实的战争。

学生讨论《雷霆救兵》里米勒上尉的台词：多杀一个人，我离回家的路就远一步。有学生以为，米勒觉得杀人还是有罪的，就算是为了正义。我当时反问了一句："那不杀人，行不行?""不行啊，不杀人就没法拯救无辜的人。"有几个学生在下面嚷了起来。

不杀人，就没法制止战争、拯救无辜，但无论何种目的，杀戮就是杀戮，无法回避个人道德责任。那时还没有读到《知识分子与社会》[1]，我没法分享书中展示的材料和事实：对恐怖分子的战争，可以让和平更为有效。这次主题讨论，让我开始思考很多新问题：一味地赞颂和平，是不是好事？没有战争的介入和制止，多少暴行可以自行停止？正义之下的被迫杀戮的边界又在哪里？为了正义的杀戮，是否意味着责任免除？

① 托马斯·索维尔．知识分子与社会［M］．张亚月，梁兴国，译．北京：中信出版社，2013.

发现母亲

已故知名教育媒体人李玉龙和聚在他周围以“第一线”为名的教师团队，在2009年第二期的《读写月报·新教育》杂志上，以专刊形式发布了他们关于北师大版、苏教版和人教版语文教材中关于母亲文本的研究成果，着重讨论和分析教材中母亲形象及其呈现的母爱背后所隐藏的深层内涵，对一些文本提出尖锐批判。

我没有“第一线”教师团队的水准，不过受此启发，觉得苏教版初中语文教材里的母亲形象也极为值得探究，希望引导学生和教材文本对话，探究母亲形象背后的成因。有关母亲和母爱的认知不能只是概念化、脸谱化其伟大无私，要真正理解母亲与母爱。不要视母亲的牺牲与奉献为理所应当，要意识到母亲作为人的完整性，就要承认母亲作为人必然有其弱点。

苏教版语文教材八年级下册有篇名为《甜甜的泥土》的文章，它所塑造的母亲形象极其耐人寻味。

甜甜的泥土

黄　飞

西北风呼啸着，残雪在马路上翻卷。虽已立春了，天还是很冷。

她，倚着学校门口的一棵杨树，一动不动，宛如一座雪雕。

一阵电铃的急响。她黯淡的眼神里，射出热切的光。

一群唱着歌儿的孩子，跨出了校门，没有她的儿子；又一群说说笑笑的孩子，踏上了马路，也没有她的儿子……人影稀疏了，零落了，没有了。

吱呀呀的大铁门，锁住了沉寂的校园。

她一阵晕眩，几乎站立不住，跌跌撞撞地扑过去，双手紧抓铁栏使劲地摇着。

“干什么?”传达室的老头面带愠色走了出来。

“亮！我的小亮!”像喘息，又似哭泣。

“都放学了。”

“知……道……”她目光呆滞地低声喃喃着，无力地垂下脑袋，慢慢松开手，从大襟棉袄口袋里，掏出一包裹得很紧的、还带着体温的糖：“大伯，麻烦……给孩子。”

“叫什么?”

“王小亮。”

“几年级几班?”

“今天，刚过，八个生日。”

“我是问几年级几班!”老头显然有点不耐烦了。

“哦……大概……”她又惶然地摇摇头。

老头奇怪地打量着这神经质的女人：“你到底是什么人?”

回答他的是夺眶而出的泪水和踉跄而去的背影。老头在疑惑中叹了口气，似乎明白了什么。

下午，这包糖终于传到二年级二班王小亮手中。孩子惊喜极了，这最喜欢吃的奶糖好久没尝过了。他那双小手在衣服上来回蹭着，微微思考了一下，笑眯眯地给每个小朋友发了一颗，给要好的伙伴发两颗，又恭恭敬敬地给了老师五颗。“吃呀!”他快活地叫着、跳着，连那只张了嘴的破鞋都甩掉了。同学们在嘻嘻哈哈的笑声中和他一起分享着欢乐，只有老师悄悄背过了身……

放学了，小亮还沉浸在欢乐之中，蹦蹦跳跳地朝家中走去。蓦地，他站住了，摸摸口袋里还剩下的舍不得吃的糖，一股恐惧感袭上心头。他好像又看到：现在的妈妈扬起细眉在爸爸的耳边嘀咕什么，爸爸抓起一根柴棍，气势汹汹地向他走来。他愣怔着，不知如何办才好。他使劲拍拍口袋，不行，咋瞧都是鼓囊囊的。他低下小脑袋，吮着指头，想了许久，瞅瞅四周无人，迅速将糖埋入路边的雪堆中，还特地插上一根小棒棒。

这一夜，小亮睡得特别香，特别甜。他梦见过去的妈妈笑着回来了，现在的妈妈垂着头走了，真高兴。

第二天，小亮起得特别早。他照例先把全家的便盆倒掉、涮净，再淘米、添水、捅火、坐锅，然后才背上书包拿块冷馍悄悄溜出门。他要赶紧去挖他的糖。不想，一夜之间地温回升，冰雪消融了，糖浆和雪水混在一起，渗入大地。潮湿的地面上，歪躺着几张皱巴巴的糖纸和那根作为标记的小棒棒。

小亮眨巴眨巴眼睛，忍不住滚下泪来。他伤心地蹲在地上，呆呆地凝视着。一会儿，又情不自禁地伸出冻裂的小手指，抠起一点泥土放在舌尖上……

他，又笑了：那泥土，甜丝丝的。

《甜甜的泥土》塑造了一个非常值得探讨的母亲形象，课堂讨论除了分析母亲对孩子的爱，母亲和小亮的身世遭遇，我还留下一个问题作为讨论重点：前去探望小亮的母亲留给他人怎样的印象？以这样的方式去见儿子小亮，她会给小亮的内心带来怎样的影响？

经过交流，学生觉得小亮生母给人的感觉是悲伤无助、精神恍惚。有学生指出：母亲以此种精神状况见王小亮，会让小亮觉得生活痛苦、充满恐惧。因为课文中梦见后妈“垂着头走了”多少有仇恨的意味——生父和后妈的虐待、生母的痛苦和绝望，只怕会让小亮内心扭曲，充满恨意。

讨论到此，我节选作家绿妖在2013年写给强强的一封信的结尾部分，在课堂上读给学生。强强的父亲是杀死城管的沈阳小贩夏俊峰，2013年9月被执行死刑。

……

作为成年人，我为我们给你一个这样的世界感到抱歉。我们本该努力让它变得更好。所幸你有个了不起的妈妈，只有初中学历的她几年中学会上网，发微博，找律师，给你办画展——只为了“让这案子不要冷下来”。她对记者说“如果结果不好，我一定跟我儿子说，爸爸是得心脏病没的，我一定要让儿子觉得世界是美的、好的，起码让他的人格是健全的，不会仇视社会”。她努力保护你的心灵免受仇恨吞噬。

我还看到，在你画册里，有一句说明：所得将悉数捐给强强一家和两个城管的家庭——在暴戾的世界，如此善意弥足珍贵。

……

也许你现在还不懂，但你的画，已在践行并验证这句话。用儿子画展挽留丈夫生命，以画册收入帮助三个受害者的家庭，这其中的美和爱，跨越仇恨的鸿沟，凝成一束光，照亮世界。

所以，你很珍贵，强强，你的画是这光的源头。我还要说，不要被生命中最初的障碍困扰。当有一天，你能直面镜头，坦然诉说你父亲的遭遇，你会发现，说出来比遮掩好，说出来，意味着见光，而不是变成心头的一个疤。当然，那是你长大后会明白的事。

祝快乐！

绿　妖

学生比较强强母亲张晶和小亮母亲的不同做法：张晶让儿子学画、办画展，让他学习爱和宽恕，警惕仇恨和恐惧。最后讨论这篇课文，我表达了个人观点：作为父母，无论面对何种境地，尽可能让孩子感受爱，感受希望。我知道这很难，但必须得试试，不可让绝望和恐惧吞没孩子内心。我给学生下发李承鹏的文章《身为父亲》，推荐他们观看电影《美丽人生》，鼓励他们思考面对生活困境时，作为父母、作为一个人，怎样向亲人传达爱与关怀。

川端康成的小说《父母的心》和黄飞的《甜甜的泥土》被选编在苏教版教材的同一单元，除讨论《父母的心》这篇小说的父母之爱，在上课的最后环节，结合小说情节，我设计了一个问题：孩子的父母与想收养孩子的贵妇人，讨论有关孩子的收养问题，只有他们进行交流和决定，从没有问问孩子的感受，你觉得是否合理？需要征求孩子的意见吗？

随着讨论深入，大家发现，父母和贵妇人都是从自己的感受和判断出发，替孩子作出选择，忽略孩子的心理感受。父母之爱，再伟大无私，也不能以自己的感受替代孩子的感受。孩子也是独立个人，有想法和判断，需要被聆听和尊重。

不同于前面的文本，陆其国的《这就是母亲》展现了一个非常典型的“中国式母亲”形象，我和学生进行深入讨论，发现了一个习以为常的母亲形象背后的秘密：母亲的伟大奉献，是以她自觉或不自觉牺牲自我价值，专心服务家庭为代价的。

这就是母亲

陆其国

一只只红亮亮、黄澄澄，足有巴掌般大小，肥得都往外渗油的大闸蟹摆上桌来了。闻一闻那扑鼻诱人的蟹香，就够让人垂涎欲滴的了。

妈端上蟹又去哪了？她忙得这么辛苦，吃蟹怎能没有她呢！当然爸爸和我们决不会忽略这点的。

我急急跨进厨房。妈妈正在洗手，看见我，她扭脸朝向窗外，“咦，你怎么不去吃蟹？”

“都没动，就等您入席开蟹筵了。”我笑嘻嘻地说。妈“哦”了一声，微微一笑，用手抹了下额角，然后双手在围腰上擦了擦。

围桌而坐，剥蟹品尝新鲜；欢语笑声，论诗说戏道音乐。我们的家是充满着无限乐趣的。妹妹在上戏校；弟弟在上音乐学院；爸爸妈妈是医务工作者；我没考上大学，当上了职员，但我从小喜欢文学，这几年不要命地读呀写呀的，居然也小有成绩，间或有些小作品发表。我们这些成绩的取得，灌注着妈多少心血呵！

在紧张的迎考日子里，无论我们兄妹三人每天复习到多晚，妈也总是借故陪着，其实，我们都明白，妈是怕饿坏了我们，好为我们准备夜点心……弟弟妹妹拿到录取通知书那一刻，妈激动得眼眶里都噙满了泪。我想，一只母燕看到雏燕终于学会飞时，怕就是这种神情吧！话间，不知怎的一来，弟弟谈起了鲁宾斯坦，以及柴可夫斯基怎样给了他影响；后来，妹妹又说起了斯坦尼体系；最后，不知不觉满桌竟听我大谈起刘宾客的诗……爸爸可谓博学，任什么他都能和你攀谈得上来，他平日下的功夫没白费。这时，唯有妈妈愣着一双黑亮黑亮的眼睛，一忽儿看看我，一会儿望望他……有几次妈妈插上问什么叫"斯坦尼体系"。妹妹随口道："这解释起来很复杂，你弄不懂。"妈又向我和弟弟问了什么，可能是打听"鲁宾斯坦"和"刘宾客"的情况吧，只是我们争论正烈，无暇顾及……后来，我在剥蟹时不经意地瞥见妈的脸上闪烁着两滴晶莹的泪珠，我一愣，用手背揉揉眼睛，再定睛一看，没错，妈的眼圈周围有一抹淡淡的红晕。

爸爸最先注意到我的神情。马上，他也注意到妈的神态，忙放下手上的蟹，不安地问："你怎么了？"妈自己似乎并没有感到我们正在注视她，瞧着一只蟹壳，仿佛要辨认什么印记似的。"妈在哭？"妹妹一嚷，妈这才回过神来，不知是喝了酒的缘故，还是出于窘迫，妈连耳根子都泛红了。她沉吟一会，随即用手抹了下脸，淡淡一笑，说："这醋里辣酱油也放得太多了，辣得我都流眼泪了。"可是我们都没太辣的感觉。

半夜里，朦胧中，我忽然被一阵轻微的啜泣声惊醒了。我睡意顿消，黑暗中努力睁大眼睛，耳朵也几乎竖了起来。怎么，是妈？

"难道你还嫌什么？"这是爸爸压低到极限的话音。只隔着层板壁，加之夜的寂静，所以传到我耳里很是清晰。

"孩子们都这么有出息，谁还不高兴。有什么好吃的，我不入座，他们是从不动筷的，这些你都说得对。可你应该比孩子们更懂得，我现在该'吃'的是什么！每回你们坐下在一起热闹地谈些什么，我不懂问问，你们都嫌我不开了。我才 48 岁，我也不太笨呀！只是现在我把精力操……"

妈的话使我震惊了，尽管她的声音轻得不能再轻，以致以下的话我竟没有静心听下去。

这时，辽远幽深的天际一颗晶亮的流星闪电般在窗外划过，刹那间，它触发了我绵绵的思绪。

“原谅我，我没想到这一点，赶明儿我……”爸爸沉涩的话音，忽然被妈妈轻而坚决的声音打断了。“别，千万别。只要你明白我也就满足了。孩子们现在的精力应该让他们放在事业上。你去一说，准要使他们分心不安了……”

呵，这就是母亲！然而，作为她的儿女，我们又了解母亲多少呢！一个多难忘的夜呵！……

苏教版八年级上册的语文读本选入了这篇《这就是母亲》，在前同事田大璜老师的帮助下，我给这篇课文设计三个问题：

1. 这就是母亲。说说这是位怎样的母亲。
2. 这就是母亲？谈谈母亲的痛苦和委屈。
3. 这就是母亲！是什么原因让母亲变成这样。

从这三个问题入手，学生分析母亲的付出、牺牲与伟大。捕捉到母亲内心感受：被家人忽略，全力操持家务致使无法跟上时代的痛苦。这个略显悲情的母亲之所以这样，是在习俗和文化下，男性对于女性的定位与女性的自我认知，共同合力塑造完成。

在课堂上，我让学生说说自己的父母，聊聊谁做家务比较多。将来的生活，女孩是否愿意为家庭牺牲自己的事业，成全未来的爱人？男孩能否接受女强男弱，操持家务，成全未来妻子的事业？

很有意思的是，大部分女生不愿意为了家庭牺牲自己的工作或者事业，她们认为没有经济独立，婚姻也不会稳定；而不少男生愿意接受操持家务的角色，成全未来的妻子，声称总要有人牺牲，如果是真爱，不介意成为“家庭妇男”。

结合文本，做这样的讨论，不是说学生以后一定面临这样的选择，而是它可以触动学生思考：家庭需要分工，女人不是天生以操持家务为主。夫妻任意一方在事业上的成就，往往都是以另一方打理家庭作为支持，要尊重彼此的付出。作为女性，不能在约定俗成的认知之下，抹去自己的独立性而不自知，要保持思想和经济的独立性。

结合教材文本里的母亲形象，学生探寻父母之爱和尊重孩子独立意志的关系，父母之爱不能替代孩子的选择和独立。母亲首先是女人，母亲的责任和付出不是一个女人人生意义的全部，不能以母亲角色定义一个女人。对于这三个主题，按照教材选编的顺序，我尽可能对母亲的形象做一个深度辨析，让学生重新思考母亲的伟大和慈爱，承受的伤害和痛苦，进而发现人的完整意义。

如果有一天，你瞎了怎么办

文学经典一定要揭示日常生活中那些被漠视的细节甚至是习以为常中的荒诞，让它们重新被看见进而被审视和思考。与历史、法律不同，我以为文学更多面向人的内心与精神，阅读教材中的文学经典，面对困境中分裂与挣扎的人性，老师应帮助学生深入其中，体谅其处境，探究其成因，反思其阴暗。

窗

泰格特

在一家医院的病房里，曾住过两位病人，他们的病情都很严重。这间病房十分窄小，仅能容下他们两人。病房设有一扇门和一个窗户，门通向走廊，透过窗户可以看到外面的世界。其中一位病人经允许，可以分别在每天上午和下午起身坐上一个小时。这位病人的病床靠近窗口。而另一位病人则不得不日夜躺在床上。当然，两位病人都需要静养治疗。使他们感到痛苦的是，两人的病情不允许他们做任何事情借以消遣，只有静静地躺着。而且只有他们两个人。两人经常谈天，一谈就是几个小时。他们谈起各自的家庭，各自的工作，各自在战争中做过什么，等等。

每天上午和下午，时间一到，靠近窗的病人就被扶起身来，开始一小时的仰坐。每当这时，他就开始为同伴描述起他所见到的窗外的一切。渐渐地，每天的这两个小时，几乎就成了他和同伴生活中的全部内容了。

很显然，这个窗户俯瞰着一座公园，公园里面有一泓湖水，湖面上照例漫游着一群群野鸭、天鹅。公园里的孩子们有的在扔面包喂这些水禽，有的在摆弄游艇模型。一对对年轻的情侣手挽着手在树阴下散步。公园里鲜花盛开，主要有玫瑰花，但四周还有五彩斑斓、争相斗艳的牡丹花和金盏草。在公园那端的一角，有一块网球场，有时那儿进行的比赛确实精彩，不时也有几场板球赛，虽然球艺够不上正式决赛的水平，但有的看总比没有强。那边还有一块用于玩滚木球的草坪。公园的尽头是一排商店，在这些商店的后边闹市区隐约可见。

躺着的病人津津有味地听这一切。这个时刻的每一分钟对他来说都是一种享受。描述仍在继续：一个孩童怎样差一点跌如湖中，身着夏装的姑娘是多么美丽、动人。接着又是一场扣人心弦的网球赛。他听着这栩栩如生的描述，仿佛亲眼看到了窗外所发生的一切。

一天下午，当他听到靠窗的病人说到一名板球队员正慢悠悠地把球击得四处皆是时，不靠窗的病人突然产生了一个想法：为什么偏是他有幸能观赏到窗外的一切？为什么自己不应得到这种机会呢？他为自己会有这种想法而感到惭愧，竭力不再这么想。可是，他愈加克制，这种想法却变得愈加强烈，直至几天以后，这个想法已经进一步变为紧挨着窗口的为什么不该是我呢？

他白昼无时不为这一想法所困扰，晚上，又彻夜难眠。结果，病情一天天加重了，医生们对其病因不得而知。

一天晚上，他照例睁着双眼盯着天花板。这时，他的同伴突然醒来，开始大声咳嗽，呼吸急促，时断时续，液体已经充塞了他的肺腔，他两手摸索着，在找电铃的按钮，只要电铃一响，值班的护士就立即赶来。

但是，另一位病人却纹丝不动地看着。心想，他凭什么要占据窗口那张床位呢？

痛苦的咳嗽声打破了黑夜的沉静。一声又一声……卡住了……停止了……直至最后呼吸声也停止了。

另一位病人仍然盯着天花板。

第二天早晨，医护人员送来了漱洗水，发现那个病人早已咽气了，他们静悄悄地将尸体抬了出去，丝毫没有大惊小怪。

稍过几天，似乎这时开口已经正当得体。剩下的这位病人就立刻提出是否能让他挪到窗口的那张床上去。医护人员把他抬了过去，将他舒舒服服地安顿在那张病床上。接着他们离开了病房，剩下他一个静静地躺在那儿。

医生刚一离开，这位病人就十分痛苦地挣扎着，用一只胳膊支起了身子，口中气喘吁吁。他探头朝窗口望去。

他看到的只是光秃秃的一堵墙。

《窗》是苏教版八年级下册语文教材所选的一篇小小说，它短小丰富，张力十足，是一流文本。但很多老师引导学生分析此文，单纯把批判矛头对准不靠窗病人，认定其自私冷漠，内心荒芜，为一己私欲，变相杀害靠窗病人。

和苏州史金霞老师聊这篇小小说，参考她的教学实录，我觉得单纯对不靠窗病人进行道德批判会削弱文本的丰富内涵。就像波普尔在《历史决定论的贫困》[①] 所说，除少数天生原因，人性大部分都是被环境塑造而成。单纯对靠窗病人进行道德批判，无益于我们认识人性，走出阴暗。

预设问题和上课实践，我把重点放在讨论不靠窗病人入院之后的遭遇，这些遭遇对于他内心和行为有什么影响。依据文本，学生发现不靠窗病人在医院的房间极为逼仄，文中从未提及他的亲人前来探望，医院医生和护士对于死去的病人没有太多感情，处理尸体极冷漠。这样的遭遇渐渐让他内心充满孤独和恐惧，以至于人性扭曲。

接着，我给学生播放周云蓬的歌曲《如果你突然瞎了该怎么办》。

---

① 卡尔·波普尔.历史决定论的贫困[M].杜汝楫，邱仁宗，译.上海：上海人民出版社，2009.

如果你突然瞎了该怎么办

周云蓬

我要去跳楼

我要立即向我的女友提出分手，并祝她幸福

我要去杀人杀死我一生中最仇恨的人

我无所畏惧，吃泥土，喝阴沟里的水

如果你突然瞎了该怎么办

我给父母打电话，告诉他们以后多保重

我要想办法毁掉一个纯洁无辜的姑娘

如果你突然瞎了该怎么办

我立刻加入基督教

我必须立刻离开这个城市永远不回来

我一直喝酒喝死拉倒

我要把所有的钱散给乞丐，然后自己去沿街乞讨

我得去买个盲杖练习上厕所

我吃饭睡觉一如既往地生活

如果你突然瞎了该怎么办

我要托人到乡下买个善良的媳妇

我天天睡觉梦着过去的日子

我白天微笑夜晚咬牙切齿诅咒全世界

如果你突然瞎了该怎么办

俺幻想能有一个心灵美丽的小妞爱上俺

如果你突然瞎了该怎么办

我像一只食草动物，阴郁多疑不发出一点声响

我下午抱着收音机在门口晒太阳

……

我发呆！像一根阳光下的木头，嘛也不想

如果你突然瞎了该怎么办

我学会吹口琴去地铁卖唱。我不要孩子也不结婚

一个人在黑暗中默默了此一生

我吃肉骂人单相思，出卖朋友……

如果你突然瞎了该怎么办

我走遍八千里水路，永远在路上、不断离开

我就去神龙架的深处、我去梅里雪山、进入天坑、去藏北无人区

以凋零残破的人生，来一次辉煌的豪赌

（掌声……）

如果你突然瞎了该怎么办

我在一个陌生的城市饿死、冻死，安静得没有人哭泣

瞎是一个隐喻，指生活中的不幸。我问学生：如果有一天，你真的瞎了或者遇到极大不幸，你觉得自己会成为歌中所唱的哪类人？是平静接受命运继续生活，还是内心绝望，甚至报复他人？务必诚实说出自己的想法。大部分学生都说自己没法保持平静，内心和行为疯狂的可能性很大。

结合《窗》和《如果你突然瞎了该怎么办》，我对学生说，其实每个人都会有遇到不幸的可能，单纯靠个人努力走出恐惧和孤独，其实很难。亲情友情的支持，对于一个内心痛苦绝望的人很重要。无论遇到怎样的不幸，事业失败还是肉体残疾，都不是我们心灵残缺的理由，无论何种情况，个人都要尽可能保持心灵和精神的完整，要保有希望，好好生活。此外，我结合保健品市场的热点新闻，和学生一起探讨医疗服务不仅要关注病人身体康复，也要呵护其情感需求。只有出现更多差异化的医疗服务，病人才能满足身体和情感需求。

梳理《我的叔叔于勒》，学生开始总觉得菲利普夫妇太过无情，连自己弟弟都不认。我总是让学生情景代入：你要是菲利普夫妇，会不会相认？小组交流，给出理由。讨论结束，很多学生改变立场，支持菲利普夫妇不和于勒相认：日子太穷了，他们也不知道于勒现在的品行，更害怕一旦和于勒相

认，生活比以前还要穷苦，可能还会牺牲二女儿的婚姻。换作自己，也选择不认。

我接着学生的话题强调：这篇小说就是揭示贫穷对人性的摧残，即贫穷之下人的无奈和扭曲。不要再去美化苦难对于人的成全，它对人的伤害和毁灭无疑大得多。

但由于这篇经典小说被删去了开头和结尾，学生没有阅读，也就没法认识到成年之后的若瑟夫对于人性救赎的自我努力。所以，再教此文，除讨论贫穷对人性的摧残，我要结合删去的开头结尾，和学生一起讨论人性自我完善的努力与可能。

《送行》是苏教版九年级下册语文教材所选的一篇小说，我听过几节以它为文本的公开课，教师的文本理解和教学设计基本都是按照教学参考用书进行，认定勒罗送行的感情打动了被送行的美国姑娘，从而批判文中“我们”的送行缺少感情，极为冷漠。我觉得这样的解读，完全误读文本，没有进入内核，削弱了小说主题的丰富性。

教学这篇小说，我设计了两个问题：小说以《送行》为题，写了哪两种送行，它们有什么区别？勒罗说他自己表演送行也投入真挚感情，你同意他的说法吗？

第一个问题的设计，我是引导学生梳理真实送行和雇人送行的不同，从而发现真实的送行让人尴尬，请人表演送行则让人感动和满意。人们不愿意接受真实送行，是因为他们不愿意接受真实之下的尴尬，宁愿选择送行表演。面对真实需要勇气，很多时候，人们宁愿选择虚伪的表演。

第二个问题就很有意思，学生发现勒罗从“泪水盈眶”到“看到我，还是挺高兴”的情绪转换很快，“他问我这些年躲到哪儿去了，同时把半克朗钱还给我，好像是昨天刚借去似的”和“一面告诉我，每星期六，他是何等欣喜地读我写的戏剧评论”的矛盾。勒罗已经把生活和演戏混为一体，生活就是演戏，演戏就是生活，他已经失去按照自己内心真实情感生活的欲望与能力了。

面对教材文本呈现的人性，分析人性扭曲和荒诞，老师不要作简单的道德评判，而是要真正去理解人，老师要多想想，为什么会这样？除了人固有的脆弱和矛盾，还有哪些外在的因素在塑造人？只有这样，学生才能进入一流文本深处，才能真正理解人。

站直了，一起推敲作者逻辑

刘心武的《错过》被选编在苏教版八年级下册，这篇课文表述了“人生的错过不可避免，但不能错过关键的到站，不能错过关键的目标”的观点，作者说理也是通俗易懂。

大概七八年前，有位顾姓学生对此文观点的逻辑提出了自己的看法：关键的到站，关键的目标往往都是事情发生以后的认识，事先并不能准确判断。他的看法和我不谋而合，从那以后，教授这篇文章，我把重难点放在考量和审视作者的行文逻辑。

在课上，除“关键目标是否能事先准确判断”的话题，学生还会讨论“如果事先不能准确判断关键与否，那我们该如何面对生活中的事情呢?”设计这样的问题，我是希望学生可以明白——人，不要随随便便错过所谓小事，要珍惜当下每一件看似微不足道的事情，珍惜亲人的每一次陪伴，珍惜和朋友每一天的相处。现在看似可以错过、不用在意的事情，其实很可能是我们生命中的关键事件。

我和学生推敲此文所提观点逻辑，是希望真正和课文作者平等对话，既尊重，又不苟同。学生面对文本，首先要有精神的站立，只是接受和服从，是对自己，也是对文本作者最大的不尊重。

苏教版教材所选说理文言文，特别是先秦诸子阐发观点的文章，大开大合气势雄浑，但往往有两个缺陷：爱用类比，不同事物之间的相似性推理缺乏逻辑支撑；观点先行，只选符合自己观点的事例，不符观点的事例则选择性回避。

鱼，我所欲也

鱼，我所欲也；熊掌，亦我所欲也。二者不可得兼，舍鱼而取熊掌者也。生，亦我所欲也；义，亦我所欲也。二者不可得兼，舍生而取义者也。生亦我所欲，所欲有甚于生者，故不为苟得也；死亦我所恶，所恶有甚于死者，故患有所不辟也。如使人之所欲莫甚于生，则凡可以得生者何不用也？使人之所恶莫甚于死者，则凡可以辟患者何不为也？由是则生而有不用也，由是则可以辟患而有不为也。是故所欲有甚于生者，所恶有甚于死者。非独贤者有是心也，人皆有之，贤者能勿丧耳。

一箪食，一豆羹，得之则生，弗得则死。呼尔而与之，行道之人弗受；蹴尔而与之，乞人不屑也。万钟则不辨礼义而受之，万钟于我何加焉？为宫室之美，妻妾之奉，所识穷乏者得我与？乡为身死而不受，今为宫室之美为之；乡为身死而不受，今为妻妾之奉为之；乡为身死而不受，今为所识穷乏者得我而为之：是亦不可以已乎？此之谓失其本心。

生于忧患，死于安乐

舜发于畎亩之中，傅说举于版筑之间，胶鬲举于鱼盐之中，管夷吾举于士，孙叔敖举于海，百里奚举于市。

故天将降大任于斯人也，必先苦其心志，劳其筋骨，饿其体肤，空乏其身，行拂乱其所为，所以动心忍性，曾益其所不能。

人恒过，然后能改；困于心衡于虑，而后作；征于色，发于声，而后喻。入则无法家拂士，出则无敌国外患者，国恒亡。然后知生于忧患，而死于安乐也。

以苏教版初三下册的《孟子二章》为例，让学生讨论“舍鱼而取熊掌能否证明舍生取义的观点？”这是引导学生明白“鱼和熊掌的选择，生与死的选择”不是一码事，两者无法相提并论。

以“百里奚、孙叔敖、胶鬲、管仲”等人起初的艰难困苦到最终大有作为，孟子推出“生于忧患死于安乐”，我会让学生讨论“论证观点的逻辑，有没有问题?”学生发现，这样的论证是先有观点，然后选择相关事例。其实现实生活，相较对人的成全，忧患摧毁一个的可能性大得多。

以我个人来看，中国的文学传统似乎就缺少发达的理性和严密的逻辑，很多篇目是以辞章润色和行文气势来掩盖理性和逻辑不足。但作为一个现代初中生，必须掌握基本的逻辑常识，学会基本逻辑推理。所以，语文老师判断敏锐，教会学生分析和推理，就很重要。如果语文教学还停留于“抒情泛滥、理性匮乏”的境况，就显得特别遗憾。

敬畏还是支配

苏教版七年级下册语文教材的第四单元所选课文，除去古文《黔之驴》，其余篇目为《国宝大熊猫》《松树金龟子》和《松鼠》，从文体来看，都是说明文。如果依据教材要求，或者应试要求，颠来倒去翻来覆去，无非就是学习说明对象特征、说明方法、说明顺序、说明文语言。但本主题单元之前的篇目已有说明文，姑且不论小学阶段的学习，就七年级上学期，学生已经学过教材说明文《宇宙里有些什么》。教学内容老是循环重复，实在是以漠视学生的阅读体验来强化应试能力。

虽然学生需要复习已学知识，但他们缺乏的阅读体验才是教学重点。正因这样，我觉得这个单元有关动物的三篇说明文是极好的生命教育文本。

《国宝大熊猫》一文体现以人类为中心、俯视其他生命的生命观；《松树金龟子》则表现敬畏生命、人和其他生命平等的取向。这两篇说明文的语言风格极为不同，一平实，一生动。《松鼠》的生命观和《国宝大熊猫》相同，但是语言风格却和《松鼠金龟子》一致。

所以，我预设以下教学目标：

1. 了解金龟子和大熊猫的特征，复习说明文考试的文体要求；
2. 比较法布尔和叶永烈对笔下动物的不同情感；
3. 让学生体悟说明文不同的语言风格。

我把教学重点放在比较《松树金龟子》和《国宝大熊猫》所体现的不同生命观：法布尔的《松树金龟子》表达了对金龟子生命的赞美和敬畏；叶永烈的《国宝大熊猫》表现了人类中心主义的生命观，人对大熊猫高高在上地俯视，仅仅是把大熊猫看成稀有物品，加以珍视。

课上教学，我让学生进行比较阅读，抓住文章字词句，分析探究作者不同的生命观。

比如叶永烈写大熊猫："许多国家以能够获得中国政府所赠送的大熊猫为殊荣""熊猫之所以珍贵，不仅因为它体态可爱，数量稀少，更重要的是，它是有着300万年历史的古老动物，对科学工作者研究古代哺乳动物具有珍贵的价值"。叶永烈笔下，大熊猫是可以赠送的物品，珍贵不是因为生命本身。

而法布尔则写道："松树金龟子长得'仪表堂堂'""在金龟子的世界里，歌声是用来表达痛苦的，而沉默则是欢乐的标志""要想观察清楚它们在空中的舞姿是不可能的""茂密的松树被吃掉些树叶，损失点松针，算不得重大事件。别去打扰它吧！它是暑天暮色的点缀，是夏至那天镶在天幕上的漂亮首饰"。法布尔笔下，金龟子具有人一般的姿态和情感，是漂亮又温柔的神奇生物。

围绕这些字词句，我和学生展开深入对话，关注学生的思维过程，让他们给出结论和理由。教师不能仅仅满足于一问一答的结果呈现，唯有师生都注重思维过程的严密推敲，才可能深度对话，生成学生的精彩认知。

顺着学生的思维，我追问学生：如果法布尔把金龟子的生命看得平等神圣，为什么要抓它进笼子？如果叶永烈呈现的是高高在上的人类中心的生命观，为什么文章中，他反复提到对熊猫的照顾，而课文结尾强调建立自然保护区呢？

学生得出讨论：抓金龟子是因为作者无法在自然的环境下观察它们——"要想观察清楚它们在空中的舞姿是不可能的。所以我在早上，趁它们打瞌睡时抓了四对，关进宽敞的铁丝网里，再放点松枝进去让它们歇息"，法布尔并没有伤害它们；而叶永烈强调对大熊猫的照顾，有公馆有空调，是因为大熊猫有很高的利用价值，不是因为熊猫生命本身的价值。结合《国宝大熊猫》的结尾，探究“保护”一词的含义，明确这个词强调人类是强者，熊猫是弱者，更能表现出人类中心的生命观。

说明文语言风格的比较，重点是探究不同风格形成的原因。《国宝大熊猫》语言平实，《松树金龟子》则用了拟人化的写法，语言生动活泼。而造成风格不同的很大原因是作者对待笔下动物的不同生命观。

为了帮助学生理解不同的生命观，我给他们介绍《敬畏生命：五十年来的基本论述》[①] 里的生命观：只有我的生命意志敬畏其他任何生命意志才是伦理的。无论我在哪里毁灭或伤害任何生命，我就是非伦理而有过失：为保存自己和幸福的自私过失，为保存多数他人的生存和幸福的无私过失。人在智力上的优势，意味着更多的责任，而不是支配。

施韦泽认为在任何情况下，哪怕是为生存，只要牺牲其他生命，就在道德上有过失，人应怀有愧疚。

完成这两篇文章的比较阅读，我布置学生预习本单元另一篇说明文——布丰的《松鼠》，让他们分析这篇课文的生命观和语言风格，从而用生命观的异同比较贯穿整个说明文单元的教学。

学生发现松鼠“面容清秀，眼睛闪闪有光，身体矫健，四肢轻快，非常敏捷，非常机警。玲珑的小面孔，衬上一条帽缨形的美丽的尾巴，显得格外漂亮”，这样的语言生动活泼，和《松树金龟子》一样，采用拟人化笔法。

和文本对话，学生以“松鼠也是一种有用的小动物。它们的肉可以吃，尾毛可以制成画笔，皮可以制成皮衣”为依据，明确布丰的生命观还是以松鼠对人类有用为出发点，忽视松鼠生命本身的价值。

以生命观的异同比较阅读为线索，完成教材整个单元主题的教学。我在阅读课上又放映纪录片《微观世界》，对教材主题继续延伸发掘。学生讨论影片反映的生命观，发现《微观世界》里的昆虫世界，在导演的镜头语言下，如同人类世界一样，有爱情有争斗，有生存搏杀也有互助扶持……“生命观比较”的主题教学暂时结束，最后学生写作观影笔记。

---

① 施韦泽．敬畏生命：五十年来的基本论述［M］．陈泽环，译．上海：上海社会科学出版社，2003.

不属于人类的世界

《微观世界》，从电影名字的角度来说，讲的是一种微不足道，人很少去观察的世界，而这个世界却有着许多奥秘与神奇。

将近一个半小时的视频，讲述了那些小生物们在草地世界的点点滴滴。

在这个微观世界，每一个成员都遵守着大自然的规则。笨拙的屎壳郎辛勤地滚着粪球，滚着滚着，一根小树枝插进了粪球，粪球被卡住了，它用全身的力量使劲儿去拱粪球，但都无济于事。

我认为它要放弃，它却转变方向，将粪球推离了树枝，然后安心地继续滚着粪球。人们遇到生活中的坎坷，有的人会直接放弃，而有的人会坚持不懈，努力克服困难。这当然没错，可是事情不会那么简单，单靠信念和什么都不管的勇气，就往前冲，这是不够的，还要换个角度思考。

我看到两只背着笨重大壳的蜗牛，在大气磅礴的交响乐中相互拥抱，沉浸在爱河里，我将"繁殖"和"交配"这硬邦邦、冷冰冰的学科名词抛诸脑后，与它们一起享受爱恋的甜蜜与幸福。有些同学看着这一幕笑出声来，带着嘲笑的神情看着屏幕，我只是在想，人不也是这样吗？也许地球上每种生物都有感情，包括这些昆虫。

在大多数人眼里，这些生物始终比不上人类，它们丑陋肮脏。但在影片的最后，展现了一只蚊子的出生画面：在静静的水面上，它努力冲破卵壳，伸出细长的腿，抖抖背上的翅膀，最终起飞。金色的躯体，修长的腿，它的出世像一场舞蹈，华美而动人。

这个时候，我们才会发现，蓝色的夜幕下，它美丽得让人无法相信。刚开始我想，这肯定是种珍稀动物，要不会这么美丽？但最后"嗡嗡"几声，哦，这让我知道它是蚊子。啊，这是蚊子，是平时人类嗤之以鼻的生物，此刻却美得不像话。《微观世界》给我们展示了一个不为人知的世界，一个完完全全不属于人类的世界。

部编版初一语文教材有篇课文是莫怀戚的《散步》，苏教版教材将其编排在初二上册。每次教这篇文章，除讨论全家人互相关心的情节，学生通常会比较人的生命观和自然界其他动物的生命观的异同：孙子希望走小路，最后作者母亲顺从孙子，全家人都走小路，从而解决了一家人走大路还是走小路的分歧，这和动物解决分歧有什么不同？

家庭成员里，孙子最为弱小，但大家都顺从、照顾和迁就孙子的想法，选择小路，也就是强壮的生命尊重弱小生命的意愿。动物界，往往是最强者处于支配低位，弱小者只能服从。人类的生命观是有力者强壮者照顾弱小者，这是必需的道德责任，从而与动物区分开来。

以此切入，我会让学生讨论："文中的我和妻子，是最为有力的中年人，只是顺从老人和小孩的意愿，背负沉重的责任。你们人到中年的父母，又背负哪些责任呢?"这样的讨论，把抽象概念和生活实际相联系，让学生体会父母不易，进而懂得体谅、知晓爱。提到父母在工厂高温密封车间上班的辛苦，父母为挣钱节假日不休息，有些学生忍不住泪流满面，教室异常安静。

学习高尔基的名篇《海燕》，除常规比较海燕和其他海鸟面对暴风雨的不同，学生还要辨析高尔基对待海燕和其他海鸟的情感有什么不同，谈谈个人是否赞同高尔基的情感倾向。

学生会发现，高尔基赞美暴风雨中飞翔的海燕是勇敢的精灵。他批判面对暴风雨瑟瑟发抖的海鸥、海鸭，觉得它们懦弱胆小。但学生并不认同，觉得面对同样的环境和挑战，其他海鸟有害怕怯懦的权利，同样，面对社会变革，个人的恐惧和拒绝都值得被体谅和理解，这是人的基本权利。

当下语文教学，太强调所谓文体特征，类似说明方法、说明顺序、小说三要素这些文体知识往往成为教学重点，但文本内涵的发掘极为缺乏。很多语文老师觉得学科就是课程，学科知识甚至考试知识就是课程内容，不去关注文本的思想内涵，漠视自己和学生的阅读体验。

以教材为讨论基础，学生比较生命观异同，体会"敬畏生命"的思想，了解人与其他生命之关系、人类文明不同于丛林法则的弱肉强食，理解个人有选择生活方式的权利。这样的学习，依据教材编排顺序，内涵上又不断深化，鼓励学生深度学习，拓展认知边界。

大人物也有害怕和挣扎

因为各种原因，学生学习教材，特别是分析人物形象，往往喜欢以道德化、脸谱化的定性给人物作出评价。比如苏轼就是乐观自在安闲自适，杜甫就是忧国忧民，高尔基就是激情勇敢等等。这就无视了人的复杂性和丰富性，不利于理性思考的形成，一旦成为习惯，学生无法认识真实世界，更不会去理解人、体谅人。所以，学生极有必要打破惯性认知，去了解和思考人的复杂性。

学习杜甫诗歌，我给学生印发六神磊磊的文章《猛人杜甫：一个小号的逆袭》，希望以这篇有趣又有料的文章，激起学生学习诗歌的兴趣，尽可能全面了解杜甫。以下是部分学生的阅读心得：

作品 1：杜甫一生都是个“小号”，陪李白游山玩水之后，一直崇拜挂念着李白，然而李白却没有对他的作文夸过一个字，李白未免有点太心高气傲。就算杜甫写的文章真不是特别好，李白也应该给他一点鼓励或指点，而不只是调侃杜甫“作诗苦”。

在这些“大 V”眼里，杜甫就是个“小号”，他的诗根本不会很好，所以从心里就直接否定了杜甫，自然就不会关注他的诗。在人世间，总有一些有才能的人会被埋没。

杜甫死了，（他的诗歌和才华）才被人发现，死后逆袭，但我仍然觉得杜甫很可怜，死后逆袭又能如何？生前写了那么多诗，却没人在意，真是太可怜了。

作品2：这样的友谊，并不算真正的友谊。真正的友谊应该是朋友之间的相互尊重，但李白和高适并没有这样，只是给予杜甫物质上的支持。但杜甫却把他们当作自己的兄弟，还在诗里到处赞扬。我就觉得杜甫好像真把自己看成了“小号”，甘愿为他们做事，却不吭不响，这或许也是为了让他们多多关注自己吧！

作品3：我不得不说，杜甫还真有点马屁精风范，有些人的诗歌明明不怎么样，杜甫却一再恭维，只因他们是“大V”，也为了让他们多赞美、关注自己和自己的诗。其实杜甫比他们厉害，但就是知名度不高。才华在名气面前都是浮云。

因此，不仅要有才华，还要有名气。

作品4：表面说是朋友，杜甫也对李白充满敬意，且一直渴望能与李白一起作诗，对他也算很恭敬。可李白却只是偶尔回个贴，甚至连赞都不点，很少关注杜甫，这真算朋友？某种意义上，我觉得李白虽嘴上承认杜甫是游山玩水作诗的兄弟和朋友，但心里并没有把杜甫与自己放在同一高度，简单来说就是他瞧不起杜甫，瞧不起这个没有人气的“小号”。李白知道杜甫人气不旺，看他还那么认真地更新诗集，对杜甫的调侃中有挖苦讽刺的味道。一句话，李白没有尊重过杜甫。

学生从六神磊磊的这篇文章中多少知道了些杜甫的生平遭遇，知道那个爱国爱民的杜甫也是有欲望有挣扎，感受到诗人的可爱可敬可叹。以六神磊磊的文章为切入点，学生很有兴趣，但补充更为详实的资料，推荐杜甫的诗歌与传记，却被我忽视了，其实还可以做得更好。

教学苏轼的《记承天寺夜游》，为让学生摆脱标准答案催生的习惯认知——此文表现了苏轼安闲自适、安贫乐道的情怀，我节选《苏东坡传》[①] 的

① 林语堂．苏东坡传［M］．张振玉，译．湖南：湖南文艺出版社，2012.

部分内容，印发给学生，希望他们能够真正进入苏轼内心，去了解看似平静文字背后的丰富情感，多少知道苏轼到底是个怎样的人。

批阅“了解苏轼”主题的读书笔记，我看到了高丰楠的这篇文章。

苏轼的悲剧

高丰楠

讲义中的“越是超时代的文化名人，往往越不能相容于他所处的具体时代”，我觉得很有道理，“乌台诗狱”下的苏轼就因为这样而吃尽苦头！

我觉得“乌台诗狱”与“鹤立鸡群”这个成语所表达的意思有相似之处，苏轼就是那只与众不同的鹤，鸡们不允许这个优秀而又富有才华的异类存在于自己的群体之中，嫉妒之火燃烧起来：文人中的小人，小人中的文人，都跳了出来，帮苏轼“剖析”他的诗文，煞费苦心地“诠释”给皇帝听；各类关于苏轼的举报信纷至沓来，小人们不厌其烦地在皇帝身边晃来晃去；还有苏轼昔日的好友，甚至拿出苏轼当年分别时写的以作留念的诗，前来举报。苏轼一直以来引以为傲的文采与四海的朋友，此刻却成了他的悲哀！

“当一个政府中小人成堆，败类结伙，就有左右政局的能力”，再加上一堆凑热闹的人“随大流”加入，原来还很坚定的宋神宗也有些疑惑，于是下旨让查查清楚。这下好了，前去调查的官员刚好就有些个嫉恨苏轼的才华又惟恐天下不乱的小人，这就是个悲剧……

苏轼就这么入狱，由于经受不了日复一日、通宵达旦地连续逼供，他全都“招”了。这时的他，已经绝望，甚至在写给弟弟的诗中嘱咐好了自己将来埋骨的地点。与此同时，那些小人们终于消停了一会儿，逐渐有些还存有良知的人愿意站出来帮他说话，他最终被放了出来，下贬黄州。

在黄州，他深刻地自我检讨，想要找回一个真正的自己，那里艰苦的生活也让他习惯于淡泊和宁静。

“乌台诗狱”让苏轼的光芒收敛许多，可小人们却一直关注他，不肯放手。“乌台诗狱”后，还有更多赦免又流放的日子。“报道先生春睡美，道人轻打五更钟”，就被小人们看出生活惬意自在的意思，这也成了他被下放到环境更为恶劣的地方的理由……

公元 1100 年，已经年老的苏轼被赦免，渡琼州海峡北归，他自己都没想到，有生之年还能回来，而且还有千万人来迎接他！

关于他的死，讲义上写的是“热毒”“瘴雾之毒”“病暑”所致，回家不久，他离开了人世……

苏轼的一生，因文采出众而出名，也受文字所累，但相比明清对文人的糟蹋，大兴文字狱，苏轼应该是幸运的吧！

这篇短小的读书笔记，使作者感受到苏轼的痛苦，不再空洞、不明所以甚至有些冷血地评价苏轼善于“自我排遣、安闲自适”，而是敏锐洞察到皇权之下，个人的操守和才华、抱负和行动往往为其带来灾难。不过，此文过多把批判矛头指向小人，而不是思考皇权制度的责任，我当时没有纠正，是个不小的教学失误。

《海燕》是教材传统名篇，也是引导学生思考知识分子责任与担当的典型样本。但高尔基前后期思想变化巨大，我编写相关阅读材料，布置给学生阅读、点评，和学生一起思考知识分子独立性的相关话题。

乔　璐：高尔基的《海燕》赞美了海燕的英勇无畏，面对邪恶势力不认输不低头，依旧勇敢地去挑战。当时学完这课，我的心里满满是对高尔基的崇拜，因为他写这首诗，正是革命与反革命激烈搏斗的时候，言论自然也抓（管控）得很紧，但高尔基没有放弃，依然用了象征意义（笔法）写了这首散文诗，赞美了革命先行者。

但读完了讲义，我对他的看法又发生了改变。

高尔基称呼斯大林为“主人”，“没有机会和主人交谈，因为主人身体不适”，看到这里，我对高尔基的看法就完全颠覆了。“主人主人”，这实在像一个“会说话的宠物”对主人说的话，我觉得作为一个人不能这样。一个人最重要的就是自尊，如果一个人连自尊都可以不在乎且任人践踏，那我实在不敢想象这是个什么样的人。

斯大林给高尔基财富、美女，给他最优越的物质生活，目的就是让高尔基吹捧他。但作为一个作家，所发表的任何言论都会被众人看见。这样的追捧，说白了，对当时人们的思想就是一种荼毒。我一直觉得，不管怎么样，到了什么地步，都要努力守住人格的最后一点底线。但高尔基呢，他赞颂斯大林是伟大的领袖，在任何方面都可以堪称是第二个列宁。可他明明知道，斯大林统治下，苏联正在发生着怎样的惨剧，他也知道自己是被“圈养”被控制的，但面对财富和优越的物质生活，他还是选择了违背自己的良心，继续编造着他那天下皆知的谎话，继续肉麻地追捧斯大林，继续践踏着自己的尊严和人格，我觉得这是为人所不齿的。

他写《海燕》是那样的无畏：“让暴风雨来得更猛烈些吧!”但后来，高尔基进退失据，他没有与斯大林完全撇开关系的勇气，也不甘心完全臣服于斯大林的“圈养”。就这样，在斯大林给他提供的奢靡生活下，他既享受又想挣脱远离。我想，正是他这种犹豫不决进退失据，才导致他到最后连死亡都是个谜吧。

陈　菊：“让暴风雨来得更猛烈些吧!”海燕那热爱挑战、迎接困难的勇气，让我在心里暗暗佩服高尔基。(看了讲义)我得知高尔基靠攀附着斯大林生活，有说不出的遗憾。

斯大林供给高尔基豪宅、车子、女人及金钱，高尔基没有坚决地拒绝这些，而是接受。为此付出的代价，是他以后不得不参与残酷的政治，宣扬虐杀，做着违心的事。如果高尔基直截了当地拒绝斯大林，有很大可能，会被处死或遭受酷刑。虽然高尔基接受了丰厚的物质，但并不代表他已经完全臣服于斯大林。

“进退不得”的高尔基，曾幻想努力守住人格的最后一点底线——不要为斯大林写传记。他一直回避此事，不答应不拒绝，总是找各种理由推脱。这当然惹怒了斯大林，废掉了高尔基的部分特权。

高尔基不敢与斯大林决裂，一旦决裂，这种暴政的主人定会置他于死地，甚至会牵连其家人。但他又不甘心做斯大林完全意义上的奴才，他想反抗，只能以隐蔽的方式。写传记这种事，斯大林肯定是让高尔基赞颂他的英明与伟大，可事实怎么会是英明呢？分明是暴政。他同意写作，写出的整本书只会是谎言，责任感会狠狠抨击着高尔基的良心，他冒着生命危险推脱这个任务，表明他还是有正义感和良知。

只是猛烈的暴风雨下，曾经那只勇敢的海燕飞到哪里去了？

钱佳成：可他（高尔基）写的却是一些自己都认为是错的东西，他的内心一定万分煎熬。但是斯大林既给他好处，又有杀死他的能力，迫使高尔基不得不写。斯大林早在1928年便给予高尔基好处，为他找别墅，此后更是为高尔基提供大量金钱，以便其买车买房。

众多的好处之下，高尔基迷失自我，不断赞扬斯大林，但也想守住人格最后的底线，不为斯大林写传记，此事导致的结果就是他去意大利度假的权利被剥夺了。高尔基尽管赞扬斯大林很多，但却不为其写传记而被剥夺了度假的权利，可见斯大林统治的可怕。

换个角度，若是高尔基不接受斯大林的钱财，不为其工作，不去赞扬，恐怕换来的只是死亡。因为高尔基处在一个这样的国家：权力代表了一切。高尔基的不服从，换来的极大可能是一死，所以高尔基进退两难，他最终像被“圈养”一般，估计高尔基也受够了这种生活。

现在想想，此话题还可继续开掘：这些文字对高尔基的态度有何相同与不同？知识分子在极端状况下守住自己的底线是否可能？如何可行？学生点评高尔基讨好权力和面对良知的矛盾与痛苦，切合徐贲和张鸣讨论知识分子在严苛环境下保持独立性的严肃话题。这只是再次证明任何宏大和严肃的思考，只要教师作好铺垫和引导，学生都可参与，提出洞见。

第三章

主题词下的读与写

《课程与教学论》[1]是影响我最深的课程论专著之一，书中提及课程实施的三种取向：忠实取向，相互适应取向，创生取向。以此对照，当下课程实施，很多老师都是忠实取向的执行者。简言之，就是课程专家制定课程内容、教学模式，行政权力强制推行，学校接受任务，老师无条件执行，学生被迫服从。忠实取向的课程实施是把课程定义为学科知识、目标或计划。忠实取向的课程实施深受“技术理性”影响，把课程看成外在于学习者的事物，稳定且不变，知识可以被发现，但不能被创造，和个人的感情、直觉和经验没有任何关系。这种课程定义切割了课程与教学，教学只是实现预设的方法和手段，是实现计划目标的过程。教育教学产生的经验只是社会现实的反映，缺乏独立的价值和意义。

与之相应的是一种严格的等级化组织结构：课程设置、课程内容、课程评价等等都由行政权力和课程专家掌控，教师和学生对课程内容、课程组织、教材编排等事务没有任何发言权，教师的创造和才华被局限于教学的技巧和方法，教学的关键在于严格执行目标或计划。学生被视为知识容器，他们的情感或体验毫无价值，甚至是目标达成的阻碍。教材被视作权威化身，超出教材指令的师生探讨往往被视为偏离目标。

忠实取向的课程实施体现了一种最为封闭的课程观，完全无视学生和教师在课程改革中的主体性和创造性。构成课程的四要素是教师、学生、教材、环境因素，课程改革是一个系统工程，需要改变课程观念、权力结构、课程结构、课程内容、课程评价、课堂教学等诸多方面。而在当下，因为各种原因，课程改革被简单粗暴地置换为课堂教学改革，让当下身处权力结构最底层的教师和学生背负不能承受之重。

而要深化课程改革，忠实取向就必须转变为相互适应取向和创生取向。所谓相互适应取向，是在具体的实施中，把课程变革看成是计划和实施情境的相互作用，既尊重课程政策制定者和课程专家的想法，也注重学校、学生、老师、家长、地区文化等因素对课程改革的影响，认为师生对课程方案

① 张华．课程与教学论［M］．上海：上海教育出版社，2001.

的理解与再创造是课程改革成功的重要因素。

课程创生取向则把课程变革、课程实施看成是在具体情境中，教师和学生创造开发课程的过程，课程知识不再源于外部指令，而是教师和学生在交互作用中共同创造，教师和学生成为课程开发者，主体性和创造性被尊重与归还。创生取向的课程实施，就是教师和学生的个性与自由被重新激活的过程，也使师生课程权利得到完整尊重和归还。

正是基于上述理由，读写的主题和文本选定，我觉得必须尊重教材要求和课程标准，但老师和学生一定有自己的问题意识，尊重自己的成长需求，相信它们的意义和价值。所以，除教材主题，我也依据自己的判断和选择，从学生的年龄特点与成长需求出发，选择主题，挑选文本，组织学生阅读和写作。这些主题包含教育、爱情、友情、经济、环保、告密、亲子关系、师生关系、青春的困惑与烦恼等等。这些主题文本的研读和讨论，和学生的需求密切关联，不仅指向学生读写能力的提升，更希望帮助他们自我完善与成长。

这些年，我做过“本地人与外地人、雾霾与防护、大海还是鱼缸”的专题读写，尝试建立家长参与主题读写的学习共同体。学习的发生不能只限于老师和学生，而应该向所有愿意参与的学习者开放。大家互相倾听，更好地理解他人，懂得多元的价值和意义，理解不同观点背后的感情和逻辑，从而修复自己的狭隘和偏见。

教师选择主题词之教师和教育

没有特殊情况，就算我教初三毕业班，学生每周至少有一节电影课，并且一般都是从教育主题开始。无论是任教初一，还是接手初三毕业班，《三傻大闹宝莱坞》《地球上的星星》《放牛班的春天》……都是学生必看的电影。在我看来，这些电影大多幽默有趣，贴近学生现实生活；更重要的是，每一个学生都应该了解思考什么是真正的教育，教育的目的是什么，教师和学生应是怎样的关系，他们的责任与义务又是什么……只有从心灵上触动学生对于自己日常生活的思考，教师才有可能帮助学生完善自己，推进他们的自我成长。

2012 年 3 月，我教初一两个班的语文，组织学生观看电影《放牛班的春天》，又花两节课和他们讨论以下问题：马修、哈桑校长、数学老师的教育方式有什么不同？这些不同的原因是什么？学生有哪些变化？孟丹的结局是什么？为什么会这样？讨论交流完毕，学生写成观影笔记。

春天在哪里？

周祝友

生活中总是会出现这样的词：做人，做学生，做老师……我就抒发一下看完《放牛班的春天》的感受——该怎样做老师，该怎样对待自己的学生！

多年前，池塘底畔的辅育院，出现了一个代课老师——克莱蒙·马修。

他改变了很多孩子的一生，使他们从任性、野蛮的人变成了文明、理性的人。马修老师仅仅用了几个月的音乐课就做到了哈桑校长再抽几十年的耳刮子也不会实现的事。这就可以看出教育不是暴力，是理解和宽恕，更是发掘与发现没观察到的潜力。马修组建合唱团，历尽艰苦，受尽非人的辱骂，但他还是坚持作曲，坚持发掘男高、中、低音，终于在麦神父的帮助下，把无所事事的孩子们组建成了团结的集体。最后马修虽然结束了他的教师职业生涯，但他在迷茫中寻求到了光明——音乐代课老师的意义。哪怕他只是一个小小的代课老师，哪怕他过气了几个世纪，他也用爱、用坚持造就了这个非凡的合唱团：这就是爱，就是理性！

此剧中有个极成功的例子——莫翰琦，他成为了世界上著名的指挥家，在富裕中生活。当然极反面的典型——孟丹，他一把火烧掉了整个辅育院，就此走向了黑暗，走向了罪恶。莫翰琦是被马修发掘和培养出来的；而孟丹是被哈桑的一顿暴打，送进警察局所逼出来的。本来他们两个都是问题少年，就在人生的岔路口上，莫翰琦被马修所感化，走向光明；孟丹面对哈桑的暴力，选择了罪恶与叛逆。

结局很悲催，马修和哈桑都同样离开了自己的工作岗位。马修走的时候，收到了孩子们送的充满爱与期盼的纸飞机，走得问心无愧。哈桑走的时候，他的屁股坐到冰冷冷的汽车上，没有老师，没有孩子来送他。他失败了，从开始就失败了。

这部电影让我懂得了何为师德，上了一节有益终身的师德课！

真希望老师能多一点理解，多一点温和与幽默，这才会得到学生的认可，得到学生们送的充满爱与期盼的纸飞机！

教师的意义

顾湘烨

教师职业对每位老师的意义都不同，在电影中，校长与马修老师都有一个共同点——没有完成自己的梦想，都有失败感。可是，他们教育的方式极不同，校长是把自己的憎恨强加给学生。学生做错了事，不是关禁闭，就是体罚，这样的惩罚有何用？学生不但更恨校长，而且没有悔改的心，一错再错。数学老师上课不在乎学生是否听讲。总之，我在上课，我“尽职”了。从他的话语中，我听出了无可奈何。而马修老师的惩罚让学生觉得自己很惭愧，后悔自己做的事情，认识到自己的错误，以后不再犯了。

回到现实生活，老师让我们认识自己的错误，可基本上，没有一件事被彻底查清楚，永远“没有”女生的错误。同一件事，一犯再犯，老师就会“动粗”，可暴力解决问题吗？是解决了您本人心里的不舒服吧？可痛的是我们呀！可现在，有几个老师不这样呢？暴力，因为我不是你的孩子，所以打得再痛，只要不受伤，您都不会心疼吧？按规定老师不是不可以使用暴力吗？

上小学，老师就讲，“春蚕到死丝方尽，蜡炬成灰泪始干”是赞美老师。我从未认可这类话，因为我觉得没有必要把老师说得那么神圣。老师这个职业不就是为了谋生吗？有几个老师是真爱自己的职业？到现在为止，能把“老师”诠释得很好的，我遇到的也就两三个人吧。

小时候，我曾经想过长大当老师，可我看了这部电影，才知道当个“好老师”并非那么简单。理由：若当语文老师也就是听说读写默，没有任何创意，太公式化，就像被圈起来了。可殷老师说了一句他的感受，让我感触很深——虽然我不能改变自己身边的环境，但还是要通过自己的努力，改变自己的未来。我真的很幸运能碰到这么有思想的好老师。

老师虽然有很多，好老师也不少，但能碰上的又有几个呢？

从两篇文章来看，学生不仅讨论电影里不同的教育方式与结果，也极为反感暴力下的强制，希望老师有良好的职业操守。顾湘烨更是联系现实，拒绝圣化教师，反倒追问教师对于职业意义的不同追求和表现，她对于现实的失望和期待，更是坦率得让我有些惊讶。如果在今天，我还会和学生讨论惩戒教育的必要和边界。这几年，未成年人权利无节制扩张的言论和现实，让我意识到保守主义教育价值观的意义：一个教师只要想维护基本的教学秩序，一定会采用强制手段。重要的不是强制与否，而是授权和边界。放任学生的人性黑暗面与屈学生于恐怖暴力之下，不过是反教育的一体两面。

2014 年 9 月，我又回到初一任教，教完《放牛班的春天》，让学生结合观影的感受和思考，依据电影里不同类型的老师，写写自己的小学老师，谈谈自己的真实想法。

我的小学老师

赵 jq

小学众多老师，我对六年级的班主任印象极深。

班主任与别的老师不太一样。相信大家见过的老师多少有点偏心，一般的老师都会偏心女生，而她却偏心男生。

她好像永远都对女同学不太满意。比如，每次晨会课或班会课上，讲到班级同学，她大多数会批评女生，说女同学怎么怎么浮躁，怎么怎么不如男生。班上几个男生犯点小错，她也只是带着宠溺的语气批评几句。

她管理班级也与其他老师不太一样。她在班里有几个“心腹”，这几个人就像她在教室里安装的监控器一样，随时监视着我们的情况，这是令人非常不舒服的！

有一次，她收集了一些同学对其他人的看法与评价，便挨个找同学谈话。当老师叫到我，我忐忑不安地走进办公室，来到她办公桌前，沉默着等她开口。

没想到等了几分钟，她还是两眼盯着电脑，双手在键盘上敲击，与别人开心地聊天。我想提醒她我的存在，她突然拿起手旁的水杯喝了一口水，还以为她要说话了，没想到她又看着电脑，就当我是透明人一样。

我别过头，凝视着窗外，心里开始对这老师不满。这时，她才转过头看了我一眼，从抽屉里找出一沓纸，飞快地翻给我看，我只看到每张纸最开头都写着我的名字，后面的内容还没细看便被翻了过去。接着，班主任又以一种非常令人不爽的语气数落我，批评内容现在已经忘了，只记得她十分不屑地对我说：“你还追星啊！”虽然不知道这是谁告诉班主任的，但我听见这话十分恼火，碍于她是班主任，也不敢说什么。

之后她说的话，我也没心情听了，只是胡乱地点头："嗯!"

"行了，你回教室吧。"不知过了多久，老师终于说出这一句话。话音未落，我就迫不及待地跑出办公室，此时的我，多想痛痛快快地宣泄心中的不满与愤怒，但是，我却没有。

现在想起六年级的班主任，就会想起那次谈话，想起那句不屑的"你还追星啊"，心里还是会很生气。每个人都有喜欢别人的权利，更何况我喜欢的是明星，又不是早恋。而且她不知道的是，这个明星我从四年级就开始喜欢了，既没有影响学习，又没有浪费家里的钱。真不知道这个班主任为什么只听其他同学的片面之词，不了解事实，就能随便将学生乱批评一顿。

从这次观影笔记的写作设计开始，我改变自己的想法和做法，让学生从电影出发，结合自己的经历，写写自己的实际生活，从而表达自己的思考和感受：哪怕再宏大严肃的命题，老师也要引导学生回到自己的日常，审视自己的生活，发现平凡的意义。

对比《放牛班春天》里的老师，这篇文章明确反对简单粗暴，不尊重个人权利，让学生互相告密的教育方式。看到这篇文章，我内心反复提醒自己，不可成为她笔下的那种教师。

2018 年 9 月，教师节前后，我的初一学生们又一次讨论这部电影，分析马修的教育方法与校长、数学老师有何不同。一个叫罗克蒙的女生觉得"马修老师所教的歌曲歌词反映了学生的生活，可以进入他们的内心"，顺着这个话题，我让他们聊聊教材所选的写景主题单元能否引起他们的兴趣、进入他们的内心。学生们大都沉默，有两个男生觉得写景单元的文章很好，能引起他们的情感共鸣。一个叫魏博的男生说道："《济南的冬天》很好，但感觉文章没法让我产生共鸣，我是张家港的，没有见过济南的冬天。"

所谓学习和教育的真正发生，首要是每个学生觉得安全，师生彼此倾听和理解，每个人努力珍惜自己独立的观点与看法，坚信其价值。所以，教学写景单元，我会调整方法：教材的写景篇目，每个学生要用心揣摩其内容、情感与写法技巧，更要以此为触发点进行独立创作——学生带好手机，拍下校园里打动自己的景致，抒发内心真实的感受。我希望写景篇目的学习不再只是外在抽象符号的输入，更是学生自我寻找、自我发现和自我感受的过程。

2017年，我接手两个初三毕业班，有个班级基础特别薄弱，初二的期末考试，这个班级一共44名学生，不及格的有28人，最低分是16分（满分130分，及格为78分）。我还是按照老规矩，从教育主题的电影切入，希望他们有所触动。我放映的第一部电影是《三傻大闹宝莱坞》，课堂上，学生讨论兰彻、拉朱、法涵、校长、查尔图对于教育和学习的理解有什么不同，兰彻对于爱情的理解和其他人有什么不同。

出乎意料，有几个学生居然写下长长的观影笔记，讲述自己的理解，倾诉自己的痛苦和困惑。有位叫李天容的学生，描述教育就是“残忍的战争，淘汰率太高，似乎只有分数排名和竞争”。

那么残忍的教育，可我还得和你一起

李天容

现实中的教育，就像一场“内战”。

自我们每个人踏入校门开始，这场战争就随之开始。大部分努力学习的人，都有一个完全重合的目标——分数。无论是挑灯夜读，头埋书山的“高材生”，还是平日里吊儿郎当，不受管教的“不羁儿”，到了考场中，都使出浑身解数获取更高的分数，更前的名次。当然，一个必要的附属条件就是——把别人狠劲怼下去。

无论是平日里勾肩搭背的“狐朋狗友”，还是一起探研难题的“良师益友”，在这场被强加在身上的战争中，都从小学会一个道理——死道友不死贫道。不论你们平日感情多么好，是一起翻过墙还是一起扛过枪，你都不会对他来这么一句：“嘿，兄弟，跟你讲这次我交白卷，让你保进第一名。”你顶多会这样搪塞自己：“就算我让了也没用，才只前进一名而已。”不管你有多么冠冕堂皇的借口，你也改变不了你们在考场上就是对手的事实。不是你死，就是我亡。话不为过，事实如此罢了，只能叹一声时势造就。

有人说，这就是现实社会中的规则。适者生存，弱者淘汰，这个世界本来如此。可这是教育，这只是教育啊！这不是什么“碟中谍”，不需要存在这么多的生死拼杀，勾心斗角啊。还有人说，考试是对教育成果的检测，没有考试，你怎么知道你教育的效果如何？这话有道理，我举双手赞成，虽然我也不喜欢考试。可你搞个什么排名？

从小学开始，就我一直所处的环境而言，我在别人眼里一直都算个成绩还不错的孩子，发试卷也总是前几个发（按成绩下发），真是个让人放心的好孩子……我有时无法理解，为什么成绩好就一定代表让人放心？为什么成绩差就代表了是坏孩子？后来我有一点懂了，原来因为我排名很前，所以他们觉得我这种孩子一定是学生里的 winner。有句话说得好——“no one for losers”，我一直就不屑于这样的 winner，我也从来看不起只凭成绩说话的 winner。可话虽如此，我又不得不当这样的 winner。

现实中的教育，又像一把实用却难用的工具。

对学生来讲，教育和学习从小就被周围的人定义为一柄无坚不摧的利器神兵——某一家徒四壁、一贫如洗的可怜学生，某一转折命运、光辉四射的伟大考试。他，用十年寒窗苦读，一举成功；他，在一夕功成名就，年薪百万，最终转战北上广深，失败者逆袭迎娶白富美走上人生巅峰。相信这种例子，没有一个学生是没听过的，而且估计都“不会做诗也会吟”了。就这样，我们脑海中就被植下了一种根深蒂固的思想——哦！原来学好了就可以住大房子，开豪车，娶漂亮老婆啊！于是，我们学习时渐渐忘了什么叫人生规划，只想着先学好吧。

不用否认，我们大部分人都和《三傻大闹宝莱坞》里的查尔图一样，只不过他把想法表达得更直接罢了。毕竟像兰彻这样的人实在太少了，我们学校一千多号人估计为了学习而学习的不超三五个。我们在电影中可以看到查尔图后来成为某一大公司的副主席，虽然不及男主兰彻，可也能看出他比法汉和拉朱过得好。这就是这个工具的实用所在。

教育“难用”在何处？其实前面已经说过，就是“使用门槛”太高了。一场中考，呼啦啦地就要刷掉 60%～70% 的人，简直让人不寒而栗。现在西方国家和 Taptap 社区流行一类游戏——大逃亡、大逃杀，特像我们这种分级考试，把几百上千人关在一个服务器里，设置地形，啥也没有，然后在AI、其他玩家的追杀下生存到最后几人就算赢了。人心险恶，说不定刚在聊天频道说好结盟，转头一刀子把你从背后给捅了——少一个对手，多一份胜算。虽然像中考、高考这样的考试让人感觉比较武断，但我还是不会去贬低它们，毕竟这对于我们这些“寒窗苦读的可怜学生们”来说算是一个很公平的机会了。

至于为什么说教育是个工具，我相信大家心里都有一个不怎么愿意承认可是又非常明确的答案。它可以使我们获得一份体面的学历，然后可以换来一份相对体面又安定的工作。你要是更厉害，考上一个像印度皇家工程学院这样的大学，出来就是工程师，工资又高，又受人尊敬，然后在工作中一步一步攀升，混成个有名号的人物。然后，退隐江湖，在家坐拿养老金，留给世人的只有一段传奇。现在我们绝大多数人眺目未来，应该都是这种短浅却也现实的想法，除非你厉害到原地爆炸，觉得自己未来一定是最年轻的福布斯财富榜榜首。

对于教师来说，教育是什么，我无法理解太多。可现在大部分老师嘴里的一句话让我不禁心生反感，这绝不是针对某些老师，而单单针对这句话，我不知道别人怎样，反正我就觉得厌恶——“这些都是和中考挂钩的，我讲的都是中考要考的。”……之前说过，我对中考并没有什么特别的看法，除了学生普遍的牢骚抱怨以外，可这句话真的让我深恶痛绝！和中考挂钩，全都和中考挂钩，那我们学习的全部目的就是中考那点分数吗？这一句话，打算将我们多年努力置之于何处？这感觉就像你费了九牛二虎之力，辛辛苦苦积累起来的成果，被人当废纸一张，揉作一团，狠踩两脚，然后一脚踹进垃圾堆。诚然，中考很重要，我们目前学习很重要的一个目标就是中考，它很大程度上决定了我们的人生走向，可这并不能代替我们所有的努力。中考考不好，没办法，能力使然，但老师们请尊重一下我们的成果，就算微乎其微，至少尊重一下我们花在这上面的时间，请不要完全只用一场考试来定义它的所有价值——在我们看来，这是无价的。可能是我太敏感，可就是有一点不舒服。

现实中的教育，还像一次赶赴目的地的旅行，只不过我们是交通工具罢了。

相信大多数学生还听过这样的话：“你是我们全家的希望。”“我和你妈再苦再累都值得，只要你能考得好，都行。”固然，话中蕴含着父母浓浓的爱，可何尝又不是在帮父母完成他们的一种欲望呢？

“哎哟，我儿子985高校毕业啊！”“嘿，我女儿考到清华了！”然后孩子连高中都没考上的家长又灰溜溜地低头走了，回家又要去训斥孩子。很多家里有哥哥姐姐的同学差不多都知道这种情况。真正想得开，眼界开阔的家长可以说寥寥无几，君不见就算许多老师也是要凑个几百万让考不上好学校的子女去国外留学的。

上一代甚或是上两代的期望一直延续到现在，压得很多像我一样的学生抬不起头。就算不为了自己，只为了长辈与老师的期盼，我们也没得选，尽量往前靠，让自己的排名更光彩一点，挤掉的人更多一点吧。当然，长辈们这样的希望也属正常。唉，让自己变得更强吧，至少不要辜负父母。

很多很多的原因，都导致现在的教育越来越向考试看齐，一直只注重于文化课的传授，而且就连文化课也逐渐有个统一的名字——“考试辅导课”。这个所谓教育，一直压抑着学生的天性。总有一天，等它失去了威慑力，学生会揭竿起义。

比如说，初一初二时，班主任老师就是我们班的镇妖石，她甚至连三班也镇住了。记得初一时，三班一群男生在楼梯上玩，有人喊：“朱老师（三班的班主任）来了。”他们不为所动。又一声“班主任来了！”“唰”地一下，全作鸟兽散，可见班主任老师威力之大（其实主要是超高额的尊敬加敬畏）。

初二下学期期中考试前，班主任老师被学校安排去参加党员培训和班主任培训，走了几乎整整两个星期。随后，YY 、TR、JJ 闻讯，遂揭竿而起，打响武装反抗“封建君主专制”的第一枪。上课这种事情听听就算了，认真？笑话！各地农民起义军纷纷从超市购买违禁“军火”——香肠、糖果、饼干，肆无忌惮。各地苦于专制者，皆刑其组长，以应Y、T。这场考试的结果可想而知，我惨烈退步9个名次，一夜回到解放前，班级中大部分人都“慷慨就义”，被复辟王朝扫荡。

当然，这件事从原因上来讲还是我们做得不对，在没有人管（威慑）的情况下立马就暴露了自己的“原形”。是的，就是原形，不是犯错误。说句实话，我感觉我的心智除了正常发育，懂了几个道理外，并没有在学校中（无论在哪个学校）得到多少的完善和成熟。这当然有一大部分原因是我贪玩，不轻易服管，而另一部分，恐怕就牵涉到现在学校教育的重心了。现在的教育，只不过是一股脑儿把文化知识往学生脑子里塞，能不能应用先不考虑，能不能考好才是关键。

在别人看来，我的考试排名在我们年级应该算是比较靠前了。可我最羡慕的人，其实是我身后那些分分钟就可以排名下滑几十位的同学，至少我觉得他们这样算是没有完全被考试制约（当然也可能是完全没有看书）。羡慕总归是羡慕，我反正是没有这等勇气去体验。从小到大在考试的惯性之下，我很害怕，万一哪天名落孙山了，有多少人会嘲笑我，指责我，看不起我，什么还以为他了不起云云，其实也不过这样云云。家长的指责，老师的不满……今日一想，才发现我竟然背着如此多的包袱，还一直这样狼心狗肺地活着，甚是厉害。

有时候，我也会幻想：要是时光倒流，我重新回到一年级，打死，我也不考好，就故意不考好，以后遇到考试稍稍露个底，考个八十几爸妈也不会太生气，老师也不会太失望，同学也不会太关注我。顶多就中考和高考尽力考两次，考好一点，这样压力就轻很多了……天哪，就算是在我的幻想中，这两次考试我也要考好吗？应试教育里的“应试”二字诚不欺我。

大概这类教育的缺点，就是培养了一大批像我这样只会自怨自艾的人吧。我想象中的教育，应该是老师去帮助学生逐步完善学生人格，培养其精神素养，老师与学生在交流讨论中传授文化知识罢了。

虽然它有着这么多缺点，但这也正是它的公平所在吧。它的优点，其实也有许多，但既然我都取了这样的标题，这个话题留到下回吧。

2018年5月，中考前一个多月，学生观看电影《浪潮》，课上交流：浪潮有什么特点？为什么要制定这样的组织纪律？文格尔先生等人有什么变化？为什么会有这样的变化？哪些人特别迷恋浪潮？除了几个骨干分子受到惩罚，浪潮其他成员应该受到惩罚吗？为什么没有受到惩罚？

李天容在课上并不活跃，大部分时间，只是在倾听和思考，较为沉默，但观影随笔中他对浪潮悲剧的分析却让我赞叹。

《浪潮》的三次放弃

李天容

罗恩·琼斯在加利福尼亚的高中里只用五天时间就完成了一次极权实验。我开始听闻只觉惊讶，当看完《浪潮》，我才有所感发。

“放弃”，这是我刚看完时脑海里突兀产生的一个词。

第一次放弃，是学生放弃了自己在外观形貌上的自主权利，这也是文格尔先生极权的第一步。统一服装、手势，进而影响到集体成员的思维方式，让他们习惯于集体一致，而又将集体的领导权牢牢握在手中，文格尔先生通过制服构建了间接控制集体成员的桥梁。而对卡罗不穿制服的行为，文格尔先生首先对她进行了明显的无视，忽略她在课堂上的举手，忽略她的目光。在文格尔领袖身份的影响下，成员们对卡罗由单纯的疑惑很容易地变成了漠视与排斥。

集团内最积极，也最接近权力中心的人，大部分都是在现实生活中孤独、缺乏关爱、家境贫困的人，例如马尔科、蒂姆、锡南，浪潮组织对他们有巨大的吸引力。现实中，他们属于容易被嘲讽、欺凌的那群人，做事都得小心翼翼，可加入浪潮后，集体内的“人人平等互相关爱”可以让他们感受以前没有的温暖。文格尔并没有将组织的教义只局限于“小家”之中，他呼吁要让浪潮的高效率模式席卷整个德国，让德国重新成为主导世界的力量。在文格尔的鼓吹之下，整个浪潮以嘲讽和排斥的方式对待外部成员，全然不想他们之前也是被如此对待。这种畸形的行为方式，也为浪潮的下场埋下了祸根。

第二次放弃，是学生放弃在思想上的独立。

在服装、手势统一后，又悄然进行了思想的统一，集团内一些有较高威望的人开始如文格尔般说一不二，而成员普遍深陷幻想陷阱中，失去了最基本的判断是非的能力。只要是集体的意志，集体下达的指标，成员们认为一定要去完成，最好超额完成，连喷漆也要喷在最“炫”的市政府大楼上。但其实，所谓的“集体意志”，扒去外皮，也不过是极个别掌权阶层的想法罢了。剧场拍戏，不过是依丹尼尔个人所见。四处喷涂标志，起初也只是马尔科和凯文两人为首。

文格尔在成员们活动时并未把握好他们痴迷的程度，文格尔只是用这五天享受着学生的盲目崇拜，品尝独裁统治者的快感。可连他自己也没有察觉，这五天，改变的不仅是学生，他自己也变得惊惧多疑，独断专行，脾气暴躁。

第三次放弃，是放弃同伴和领袖。

最后的周末演讲，文格尔用极具渲染性的讲词调动了会场气氛，而在集团成员押送马尔科时，他们的神情只有亢奋，只有一种自认为投身于使命的可笑责任感。没错，从领袖开始说马尔科为叛徒那一刻起，无论他之前对集体有怎样的贡献，对其他成员有多么友好，他们也会毫不留情地将之抛弃，同时迷醉于自己的狂热。而在蒂姆拔枪之后，学生中已经有人吓得坐回了座位，但更多的人选择了观望，仿佛看热闹一般。直到先前罩着蒂姆的胖子被他亲手用枪击晕，集体成员们才流露出一种复杂的眼神——害怕、鄙夷、蔑视，好像都在说“他果然还是那个不可理喻的家伙”。蒂姆看到了这种眼神，先前被排挤、被轻视的记忆再次涌上心头，他已经尝过被关爱的滋味，他害怕这个世界轰然崩塌，让原来的世界又重新占据他的生活，他面庞扭曲，走投无路，吞枪自杀。

而当文格尔被警察带走之时，没有一个曾经所谓的同志流露一丝同情不舍，没有人对自己的所作所为有一毫愧疚。

他们是最卑劣的。他们杀害蒂姆，作恶寻欢，却不得到任何惩罚：法不责众，作为凶手之一，却以旁观者的身份置身事外。

他们，是最卑劣的。

对比两篇文章，李天容进步明显：行文逻辑更为严密，文风厚重，抖机灵的表达已经看不到。两篇文章，见证一个孩子的进步和成长。

临近中考，在沉重的应试压力下，我的学生们对未知事物依然具有极大热情和浓厚兴趣。他们在课上分享对于“浪潮悲剧”的理解，探讨集体规训下，独立思考与个人选择的脆弱与可贵，懂得珍惜与捍卫个人权利和自由。

南京杨赢老师在一篇短文中写到，拉丁语的“教育”是educare，意为“引出”或“导出”，英文education便来源于此。佐藤学在《学习的快乐——走向对话》[①] 中也是着重强调教育“引出或导出”的意义。两次教育主题的读写，学生从观影感受、日常经验走向对于教育意义的深层思考，教育应该有更为丰富的内涵：不是任何集体驯化的手段，而是让人独立思考，找到自己的天赋，成为特别的那一个。面对每个人的丰富性和可能性，单一的评价和选拔，不会走向真正的教育，反倒违背教育的本义。

① 佐藤学．学习的快乐——走向对话［M］．钟启泉，译．北京：教育科学出版社，2004.

教师选择主题词之公地效应和自由贸易

上下班路上，妻子不时抱怨道路两边车乱停乱放的现象，指责一些市民没有素质不顾安全。作为一个经济学爱好者，我知道这种现象是典型的“公地效应”，和个人素质没有太多关系，是经济学的基本常识。但我们这代人，甚至整个文化，都欠缺起码的经济学教育，甚至敌视商业和市场。从小处说，自出生那天，人就没法离开钱，但因为缺乏基本的经济学常识，很多人的生活似乎陷入一个怪圈：好好学习，努力考大学，找个好工作，辛苦还贷款。从大的方面来讲，经济学的思维方式可让人真正了解现实世界。

经济学常识教育在基础教育阶段几乎空白，但中小学生了解经济学常识和思维方式，又极有必要。很多人误解经济学就是关于发财的知识，但它实质是探究人的行为与目的之关系。我们习惯以道德、素质等来论断人，无视事情本身发生的逻辑，这不仅懒惰而且败坏学生的心性。经济学的学习让人摆脱思维惯性，提升理性，思考事情本质，真正明白世界的复杂与真实。

受妻子素质论的刺激，我决定给学生来个“公地效应”的主题学习，编写几道题目，课上组织他们讨论。

1. 为什么本地的私立学校教室里有空调，我们这样的公办学校教室里没有空调？

2. 公交车司机为什么宁愿车上挤满人，也不愿意多跑几次？

3. 为什么街上的公共厕所大都很脏，而商场里的厕所就干净？

4. 电瓶车为什么爱占机动车的道路？

5. 人们为什么爱在马路两边摆摊，不怕堵塞交通？

6. 为什么专家看病，特别是北上广的知名专家，给病人诊断的时间常常很短？

7. 为什么公办小学和初中，很多学生不完成基本的学习要求，家长也不闻不问，而私立学校的家长对孩子的学习要严格得多？

我选择学生熟悉的生活现实来设置问题，让他们有代入感，更容易引起他们的思考。课上交流极为热烈，学生探究出公地的全民所有带来产权不清，责任不清，变成人人怕吃亏，我占我有理的怪象；公共服务低效浪费，服务者的报酬和服务质量无关，导致服务质量低下；全民支付的福利制度导致个人支付成本太低，无须为自己负责，有些学生和家长对于义务教育的态度就表现得尤为明显。

我引导学生重点讨论专家看病难：因为挂号费便宜，所以没什么大毛病的病人也来挂专家号。专家时间有限，要把时间留给真正有需要的病人，看病就很快。而办医院的门槛太高，医院数量太少，竞争不够，廉价的挂号费对于医生吸引力不大，所以服务质量也不好。我多问了一句：如果一个专家号挂号费五千块，可以解决这个问题吗？学生经过热烈讨论，发现价格可以很好地分流普通病人和需要专家的病人。对于真正有需要看专家的病人，为了健康，愿意花费五千块的挂号费，这可以让有限的人力资源满足真正有需要的病人。医生也能拿到更多收入，自然会有更强动力做好服务。

学生重点讨论这个问题，既是思考“公地效应”，也可以明白情绪化道德化地论断医生甚至所有人看似简单方便，但不现实，他们需要真正知道真实世界运转的逻辑。

除了“公地效应”主题，我也组织过“自由贸易”“自由市场”等经济学常识的讨论。

2013 年，因为奶粉安全，中国内地居民纷纷跑到香港购买奶粉，香港以限购作为应对。我在网上搜集一些材料，编成讲义。学生在语文课上阅读，对此现象，写下自己的感悟和思考。

读《香港限购奶粉治标不治本》的一些想法

倪茹云

读了《香港限购奶粉治标不治本》这篇文章，我在网上又搜索了一些相关资料。

香港规定，离开香港的16岁以上人士每天不得携带总净重超过1.8公斤的婴儿配方奶粉，也就是相当于普通的两罐900克的奶粉，违者一经定罪，最高可被罚款五十万港元及监禁两年。“奶粉限带令”实施当天就拘捕了10人。中国的假奶粉、毒奶粉事件频频发生，于是众多父母选择购买进口奶粉，中国的“购买奶粉大军”使世界各地掀起了“限奶潮”，但香港的“限奶令”被称为“最严限奶令”。

有资料说是内地人购买奶粉疯狂，导致香港奶粉脱销。那么，香港奶粉真短缺吗？让我们计算一下：根据资料，香港婴儿每年出生四万多名，假设所有的父母都选择以奶粉来喂哺其36个月以下（三岁之前）的子女，即每年约有十四万名婴儿需进食奶粉。我们以每名婴儿两星期需进食三罐奶粉计算，每年奶粉需求量为：52周 ÷2周 ×3罐 ×0.9公斤 ×14万 =982.8万公斤。（香港）政府数据显示香港进口并在香港销售的奶粉超过3800万公斤，接近香港所有婴儿所需的4倍！

所以父母买不到只是假象。其实问题更多地出在奶粉资源错配上，部分奶粉供应商比较侧重大型连锁店及超级市场的供货，而药房、药行（在香港，奶粉在药店、药行也可以销售，而且是主要销售渠道）只有极少数的供应量。结果父母连跑几家药店买不到奶粉，便误以为断货了。如果香港政府能正确地解决资源错配问题，这种现象便能得以缓和。

其实香港的“限奶令”并没有完全成功，也就是说还有缺口。香港支招，内地拆招。“随手带奶粉，转手即赚40元！”对于这种见招拆招的水客做法，网友大都以正面态度对待，更有人号召：“随手带奶粉，解救中国儿童”。海关出现了很多摆摊收奶粉的现象，从香港归来，随手带奶粉的旅客转卖奶粉，每罐至少赚40元。简直就是暴利。内地的父母为了安全，再从这些摆摊收奶粉的人手中花“高价”购买。随手带奶粉转手即赚40元，这样一来，在香港购买奶粉的内地人会更多，不管自己是否真正需要。

香港的“限奶令”是内地和香港“两败俱伤”，我觉得还是用文章结尾的解决方法好些……

和“公地效应”的设计不同，我这次选编文本不再拘泥于学生的日常经验，切入“自由贸易”和“自由市场”，希望学生对经济活动有更开阔的视角。不过，我那时对经济学的阅读和思考都太过表层，缺乏深入，对于“自由贸易”“自由市场”缺乏深层理解，所以文章隐含的“高价暴力”“中间商的道德批判”“权力还是市场下的资源配置”等话题，我都缺乏敏感，错过极好的教学生成。

总体来说，学习经济学常识，师生可走出情绪化评价，真正了解现实世界的真实运转。

教师选择主题词之什么是真正的爱国

2012年9月，西安市民李建利仅仅因为开一辆普通日系车，被打着“爱国反日游行”名号的暴徒用钢锁砸穿颅骨。和在西安生活的高中同学聊天，我了解到当天的一些情形，也听闻本地一些打着“爱国反日”大旗人士的所作所为，尤其担心这种以“爱国”为名的仇视与暴力会影响学生的判断与理性。所以在网上找到官方权威媒体对西安事件的详细报道，我把它和雨果、肖雪慧等人谈爱国的文章一起打印成阅读讲义。阅读课上，学生阅读分析爱国名义之下的暴行实质是什么，思考何为真正的爱国。

高fn：那段时间里，QQ群一打开，全都是日本人怎么怎么的，大骂一通后，再加上一句，是中国人就转，谁敢不转，家人将在几点几分死去……

关于钓鱼岛争端，心怀怨气欲泄私愤者，乐于凑热闹“随大流”加入者不在少数。等热闹劲一过，立刻一哄而散。各路无比精明且嗅觉灵敏的商家怎肯放过这么好的商机，即刻打出反日广告，推出各种反日活动，博人眼球、哗众取宠。钞票哗哗飞进商家口袋，顾客也换得心头痛快。真正想得长远，理智应对者却被骂得狗血喷头，被冠以“叛国贼”的名号。有些无辜的人不幸被八竿子打着了，被人以强大的推理及联想能力得出和日本有关系的结论，便一下成为千古罪人。悠悠众口，怎容你樱桃小嘴前来争辩?

游行等一系列“爱国”行动本来是要维护中国主权，最终却发展成国人之间的战争。问题一下从维护主权转变为你是否爱国，还煞有介事地争论不休，威胁、辱骂、有针对性地打砸。一场鸡飞狗跳的闹剧，更不利于事态的发展，甚至有加剧的迹象……莫大的笑话！

从众心理、事不关己的态度、缺乏理性、很少思考……这些缺点很多人都有，为什么不试图去改变纠正，而任由它们操纵自己呢？

倪ry：钓鱼岛的事情，轰轰烈烈了好一阵子。前不久闹得好大，然而绝大多数的人都不晓得事情的真相，包括我在内。我听到的传闻，都是说什么日本人要跟我们抢钓鱼岛，当时我还觉得挺气愤，日本人怎么这么可恨。现在想想又为我当时的无知而感到好笑。

最让人记忆深刻的是西安李建利被砸穿颅骨的事件。那个砸车的人，你有无想过，车是别人自己辛辛苦苦挣钱买的。你砸了人家的车，不就是破坏、侵犯了别人的财产权吗？与强盗有什么区别？

先不论这个，退一万步说，砸车就砸车呗，但还往人家颅骨上砸，这不犯法吗？打住，再退后一步，车主被砸倒在地，这个人居然一点“犯了法”的意识都没有，继续砸车，仅将车主当成阻碍。车主是个普通人，高额的医药费使这个普通家庭陷入了困境，然而，这一切一切的起因，竟是开了一辆日系车，这是爱国吗？

一名男大学生只因为穿了一件日本品牌川久保玲的外套，就一边被骂“卖国贼”一边被扒得只剩内裤。“卖国贼”不是说一个人背叛国家而使自己得利的意思吗？穿日系服装也成“卖国贼”了，他究竟得什么利？

前阵子，张家港也进行了示威游行。那个周末，在路上碰到了住在我们村的一个女孩，见了我，晃了晃手里的大屏手机，问了句：“怎么样，不错吧？”我很惊讶。她一脸得意地说：“我爸前天参加游行，爽死了，砸了柜台，手机不是被砸就是被抢，不拿白不拿，弄个用用也好呀。在那个手表店里，贵的手表全被人拿走了，我爸嘛，没抢到，唉，可惜了，不过这个手机……哎呀，爽死了，免费的！”

她惋惜我家没有参加游行，没有得到东西。难道就是怀着这种得利的心态，进行所谓爱国示威游行吗？以上的做法和打着“爱国”旗号的强盗行为有什么不同？

爱国没错，但得理智爱国，而不是将爱国视为你为所欲为的强势护盾。

两篇随笔，学生看到了“爱国”大旗下的暴行，思考理性与真正的爱国。高同学结合自己的网络遭遇，希望结束这种“爱国”名义下的暴行，倪同学的文章让我心惊肉跳，我向她确认所写事件的真实性，她说这真是事实。学校不是封闭空间，它承担参与和塑造公共生活的重要责任。让学生思考公共事件，运用自己的头脑，坚守基本底线，这是为师者最基本的义务。

学生创生主题词之小报告和班干部的痛苦

2016年，学生沈秋月在随笔里哀叹：作为班长，向班主任反映班级情况，总会被同学鄙视，说我打“小报告”。不说实话，班主任又不满意，我真不知道怎么办。

我瞬间想到我的大学老师在课堂上的叮嘱：不要让学生成为“告密者”，这是一辈子都无法洗刷的人格污点。告密文化源远流长，不少教师把告密看成有效的管理方式，对其反教育反道德反伦理却浑然不知。在有必要做点什么的驱动下，我编写“告密”的主题讲义，选了电影《闻香识女人》和重庆张万国老师参照分权制衡模式运行的班级管理小视频给学生放映，组织学生阅读、交流、思考与写作。

沈秋月：有人认为，打小报告有助于集体的纪律，可以改变被打小报告者的淘气与违纪的习惯。通常在学校，都是班干部把违纪的名单交给老师处理，然后老师就批评学生，此事就完结了。但是，别忘了，被骂的学生此刻内心满含怨气，无法对老师发火，就只能对举报自己的班干部撒气了。于是，新的矛盾产生了：打小报告者成功挑起班级所有同学的公愤。此时，班干部就成为了众矢之的，大家开始卖力地排挤他，连朋友都开始疏远他，于是他渐渐变得沉默。

小学时我看着班长趾高气扬，活在大众的眼神中，是一切的焦点，很羡慕。我却并不懂为何时不时看到她双眼微红从老师办公室出来，忽略掉周围的热闹，默默地回到座位，双眼无神。只有亲身经历过后才知道这就是权力越大，失去越多，牺牲越多，我后悔当初那羡慕的眼神……

但班级总有人故意违反纪律，我们又该如何呢？针对这个问题，老师给我们放了一个视频，讲的是重庆某位老师兼班主任如何让学生自主管理班级，其中最令我感兴趣的方法就是该老师创立的制度：让全班四十多个人都分到了职务，还定期更换人员，确保公平性。我也很想试一试制定几条公约，让大家一起遵守，设定一些奖罚，逐渐让大家养成好习惯。

这就是我对告密者的看法，一切只代表我个人，真的。

刘梦怡：作为告密者，有许多感受一言难尽，不知道该向谁倾诉。听到的赞扬很少，更多的是骂声，难道真没人可以理解吗？

不应该对告密者进行辱骂。她夹在同学与老师之间，一边是好不容易保持的友谊，一边是老师对她工作的信任，这个选择是多么艰难。有人说，如果是我，我就不说！那老师真问，你是真不说吗？ 我们并不是为了报复某个人或者是看谁不顺眼，才揭发那个人。其实我并不喜欢打小报告，可在老师的追问下，有时候不得不说。

我想对老师说，我初一刚来，好不容易把同学之间的友谊关系维护好，你这么一问我，就把同学情谊一次次捅破。老师，你考虑过我们的感受吗？那些被记名的同学，不应该反省一下吗？你们不说话，老师会找你谈话吗？我们并不是你们所谓因为告密而感到爽！

如果我是老师，除了班干部告诉我，班级里有哪些爱捣乱的人，我还真没想到其他办法。但也不能放纵那些捣乱的人，我也不知道怎么办。宁愿不当班干部，我也不要成为同学的公敌，只希望躲过这一切的麻烦。

于　淑：小学时候，我是班长，不得不说，当时我也遭受过过分的咒骂，原因是他们以为我打小报告。其实，我也觉得打小报告不好，可身为班干部，又该怎么办？上面是老师，下面是同学，两面夹击啊。小报告是让同学不爽，但是我并没有告密，是老师自己观察、藏着偷听，再向我确认一下，最后倒霉的就是我。

记得有一次，我抱着作业去老师办公室，向老师汇报作业情况。正要走，老师叫住了我，边批作业边问："最近班里咋样啊?"我挤着眉，心里扑通扑通的："还好吧。"老师嘴角一扬，手里的笔停了下来："于淑，老师知道你不会骗人，要告诉我实话哦!"我吓出了一身冷汗，于是全部招供了。回到班里，我低着头，同学们都来问我怎么了。"我没事"，我摇了摇头说道，但是我心里依然很苦恼，就像很多绳子缠在一起一样：老师肯定会把同学们叫过去的。

果不其然，老师真叫去了几个人，那几个同学回来，瞬间就用仇恨的眼光瞪着我，空中似乎有一股杀气一样。我心里扑通扑通的。×× 率先开口："你还是我们的朋友吗? 我们招惹你了吗?"

"我……"实在没法说下去，那时我真是欲哭无泪，这难道真怪我吗? 每个人都讨厌自己被打小报告，我向老师说了同学，被骂也是应得的，我以后一定要努力控制打小报告的坏毛病。我也被打过小报告，什么滋味自己也知道，但我还是会改正自己的毛病。我也希望被我打过小报告的同学，要改正错误哦。

这三个学生都担任班干部，是老师心中的好学生与得力帮手。为维持班级秩序与纪律，他们夹在老师与同学之间，选择告密或是沉默，左右为难。但维持纪律从根本而言是为了教育价值能更好实现，必须遵守基本的文明底线。如果班级管理，逼迫甚至鼓励出卖同学，践踏最基本的文明，这样的管理就走向教育的反面，和学生的成长毫无关系。维护班级纪律，必须遵守起码的道德底线，尊重每个人的权利，让学生对纪律有信任感与安全感。只有如此，纪律才会被遵守，才能渗入学生内心，被认可和接受，虽然它不如粗暴和恐惧来得立竿见影。

王佳烜： 社会上、学校里、班级中……都有告密者，他们无处不在。告密的传统不仅败坏了人际关系，还动摇了道德和伦理的根基。这种文化怪圈，难道不需要彻底打破吗?

钱佳成：告密是一种被人鄙视的行为，很多老师对班级进行管理，都会让学生去打小报告。老师让我们就打小报告的事情进行了一番讨论，在那之后，我对打小报告的看法改变了不少。我原本对打小报告的人深感痛恶，觉得自己再怎么也不会原谅他。可是经过课上的一番讨论和思考，我对打小报告的看法有所改变。

如果那个人是为了报复我，那么我将会很恨他。如果那个人是为了我好，我也会很恨他，不过我会尽量说服自己去原谅他，不用过太久就会好了。而那个人如果被逼迫，我虽然会相当不爽、相当恨他，但我也知道他不是故意的，我会尽快地原谅这个人。

如果不打小报告，那么班级该如何管理呢？老师给我们看了一段视频，视频中的那个老师把一切都交给学生管理，学生们不仅管理得井井有条，他们的成绩也很好。我们也可以效仿一下。我们给班上每一个同学都分配一些任务，比如说纪律学习卫生活动之类的事。老师也可以像视频中的那位老师一样，班上的事都交给学生管，自己少插手。老师也要接受班级的管理，自己有错，也要被批评。当然学生的对与错，也应该适当实行一些奖励或者惩罚措施，不然学生们就没了动力。

班级管理方法有很多，打小报告可不好。

王佳烜和钱佳成在班内都是普通学生，面对小报告，他们没有过度沉溺于个人情绪，而是开始思考打破循环往复的校园告密，探讨解决办法，表现出可贵的沉稳与理性。我们做教师的，如果不能让学生树立基本的道德底线标准，甚至反文明反伦理，除了谋生，这份职业又有什么尊严和意义？以学生的小报告来管理班级，这是悠久的教育甚至是行为传统，但从来如此，便对吗？不能沿着惯性继续，教师是时候想想立足于学生成长，践行符合教育文明的班级管理制度。

学生创生主题词之性教育有什么用

原本以为，和学生谈“性”是件很遥远的事儿。但2011年底到2012年3月，接连发生几件事情，让我不得不和学生聊聊关于“性”的话题。

2011年底，和我同一个学校的妻子时任初三班主任。没想到，初三年级十多个学生在周日集体离家出走，妻子班上的两个女生也参与其中。为寻找这些“出走的羔羊”，妻子和家长晚上十一点多还在通电话。我实在是又心疼又气恼——心疼的是妻子，嗓子说哑了，整夜睡不着，憔悴得不行；恼的是这些家长，平时只忙活自己的事，学校在他们心中就是个托管所，老师提醒好多次，他们无动于衷。孩子从家里跑了，电话倒是一个连一个，也不管老师晚上要不要睡觉。

周一中午，调来学校才半年的老校长神色紧张，在校园里四处查看。一问门卫，我才知道妻子班上又有一男一女两个学生，翻墙离校。我一听，立马头大：从学校跑了俩，还有个女学生，这不让人活了吧？

看着神色紧张的校长，我只能安慰两句：这么多小孩一块，安全应该没大问题。但女生跟着跑，这胆子也太大了，有必要对所有女学生进行一次最基本的性教育，得把工作做在前面，免得被动。初三重新编班也要慎重，否则影响的面越来越大，牵涉班级太多。年近五十的校长叹口气：“男生跑跑，没有女生，不要多久，就觉得没意思，会回来；但这些女生啊……怎么这么傻啊？”

我打电话给夫人，本想安慰两句，没想电话那头却说："我和家长一起找他们呢，快找到了，不多说了。"直接就给挂了电话。下午五点多，我看着五六个家长带着一溜儿学生进了学校。这些娃儿，总算找到了，我长舒一口气。

我跑到德育处，里面坐着被找回的两个女生，想到妻子这两天的委屈，被扰乱的家庭生活，我一通邪火，也顾不得旁边站着的男生和家长："你们胆子这么大，就不怕出点事啦？这些男的有什么，帅、有钱还是聪明？要是传到外面去，你们以后怎么正常生活？"看着两个女生眼泪汪汪，旁边男生垂头丧气，我搞不明白，这到底是什么情况。

妻子晚上七点多才到家，说是在宾馆客房找到的学生，女生家长情绪激动，对男生一顿暴揍。还没找到中午翻墙的女生，不过她在快餐店和男生当众接吻被监控录像拍了下来。据说，男生也被女生家长一通胖揍。

晚上九点多，家长电话打过来，告知中午翻墙的女生找到了。看着如释重负的妻子，我感叹道："这么找不是个事情，得做性教育，防患未然。"

和老友，也是知名教师史金霞老师在网上谈到这个事儿，感叹性教育在学校教育的缺失。她留言："其实，不只是女生，男生也是的。我的意思是，男孩子，也应该注意保护自己，洁身自爱。""而且，你那么教训，除了增加孩子的羞耻心之外，有什么作用？""其实，学校应该开个家长会，给家长普及普及，性教育，最该在家庭里先进行。"

对男生和家长进行性教育，我以前倒是真没想过，总觉得稳住女生，就不会有太大问题。

没几天，我在办公室给一个男生纠正学习态度，他的班主任在一旁情绪激动："我让你母亲来一下，你居然上音乐课脱裤子露阴。"几天前，有两个女生说他课上老是对她们进行语言和肢体骚扰，我才和他谈过，这也没几天啊。看来，我对学生进行基本的性教育避无可避。

在我的中学时段，我也没受过性教育，所以怎样和学生谈"性"，颇动一番脑筋。我把《致D情史》[1]前七章，萧瀚的文章《一些思絮：儿童与性教育》，演员陈数的一篇名为《我尊敬的姐姐发来的，她是影响我最深的人》的博文打印成讲义发给学生，让他们完成不少于六百字的随感笔记。

我看到两个女生的笔记，对此话题，她们表现的态度完全不同。

顾xy：在小学，在初中，经常有几个女生围在一个女生的身边，知道在干什么吗？“围”是怕男生发现女生正在拿卫生巾。记得有一次，我在拿钱，不小心被某个男生看见了卫生巾，我脸一下变成了西红柿，场面都僵住了，特别尴尬。我说了一句：“不准说！”他每次拿这个威胁我，我就会脸很红，不想让别人知道。

还有一次，我去向班主任王老师请假，王老师说：“是不是生理期？”我的脸一下子红了。我多希望不会有这种感受，如果男生也能理解，那我们就不至于那么害羞，偷偷摸摸。

我故意问妈妈：我们是从哪里来的？可是妈妈永远回答我是从屁股里。为什么不如实回答呢？有那么难吗？真有那么难吗？

其实，长大以后，我无意中知道，我们是从子宫里出来的，可很多父母都不愿如实回答，真实的答案说出来会怎么样嘛！我真的不明白。性教育应该从父母开始做起，瑞典、荷兰这些国家就做到了。性教育对孩子有很大的影响，至少不会十三四岁那么小就怀孕。很多处在青春期的少年们，知道什么是“性”，“犯错”的机率会降低一些。我们出于好奇，家长又不说实话，学校又不进行性教育……

黄xx：在没看这两篇文章时，我不知道什么叫爱，什么叫性，什么叫欲，总认为老师太开放了，叫我们读这些，可又不能不读，只好看了。

看《一些思絮：儿童与性教育》，看到一些“谈情说爱、床事……”这些在我眼里，有点变态。看到了第14章“乱伦”时，我有一些不想再看下去！原因一：太恶心了，好色；原因二：现在还小，不需要懂。也许我跟老

① 安德烈·高兹．致D情史［M］．袁筱一，译．南京：南京大学出版社，2010.

师的想法不同吧！但看到了第18章的时候，我突然惊讶了，“16岁以下少女怀孕”，这是什么概念，16岁以下，这……什么事都能发生。还有“同性恋”，这是不可想象的，但我也不懂，所以开始有了好奇心。一直读到结束时，自己还是一点也不懂。

这些学生获得正常的性教育的渠道，和我一样，几乎一片空白。萧瀚笔下的“由于中国人普遍存在的性蒙昧与性神秘化，许多女生会因为来月经而痛苦不堪，她们胆战心惊，生怕自己万一泄漏被人发现。如果性知识普及，连男生都习以为常的话，女生何需担心这些问题，如果发生经血渗漏的不便，无论男女同学都会照顾来经的女生，而不是带着猥琐的好奇观望窃闻”，引起顾同学的强烈共鸣，她渴望女性的生理期能被理解和尊重。成年人对于性教育的刻意回避，引发她的羞耻感和神秘感，她希望学校和家庭有正常的性教育。黄同学对这个话题直接表达不解和排斥，究其原因，是正常性教育的缺乏，使得她怀有羞耻感和负罪感。另有不少学生的点评以“不懂”为由，选择回避，在其他方面东拉西扯。

单是看讲义和写摘评，学生还是摆脱不了对于“性”的羞耻感和负罪感。我把这两则笔记隐去姓名，制成文档，阅读课上，我投影给学生，二次分享交流。

针对黄同学的“看到了第14章‘乱伦’时，我有一些不想再看下去！原因一：太恶心了，好色；原因二：现在还小，不需要懂”，我直接表达自己的看法：萧瀚只是想说明国外谈“性”的态度要比我们正常得多，谈“性”不羞耻，更不罪恶。现在想想，这样实在欠妥，虽然我的本意是对话交流，但这样的简单直接，貌似变成观念灌输。

我让学生谈谈对黄同学其余观点的看法。有个女生说道：“我们当然需要懂性知识了，萧瀚不是说得很清楚，正是因为不懂，所以很多女孩子才会做错事吗？还有家长和学校也应对孩子进行正常的性教育，但家长几乎不谈这个，反而说小孩是捡回来的。”我开玩笑地来了一句：“爸爸妈妈捡回来的举手。”“哗啦啦”一阵响动，只剩一个女孩子没举手。我点她起来：“看来大家都是苦孩子，只有你了。你是怎么来到这个世界的?”下面笑声一片。

“我妈妈虽然没有像萧瀚文章上写的那样和我说，但她没骗我，她说我是从医院抱回来的。”

我接着问了句：“那同性恋是不可想象的吗？你们讨论一下，我想听听看法。”

学生们来劲了，一个女生说道：“我觉得同性恋只是和我们喜好不一样。我们喜欢异性，他们喜欢同性。这个可以想象。”

我没放过这个好机会：“那为什么有人不接受同性恋？据说同性恋行为有遗传因素，他不是故意的。”

女生想了想：“可能喜欢同性的人少吧，人少了，大家就觉得怪呗。”

很多学生发出声音和肢体上的呼应，我插了句话：“我接受这个观点。其实我也不太懂，有兴趣的同学，可以去查查。”

“怎么老是女生说啊，我想让男生说说。”教室里一片安静，没一个男生举手，我连点两个男生发言，回应的只有沉默，还是一个女生打破尴尬：男生应该懂性知识。在生理期，我们需要被照顾，而不是被嘲笑。此言一出，女生们交头接耳，引发深深共鸣。男生的反应还是淡漠，至少表面如此。下课时，我又布置了作业——有兴趣的同学，可以就这个话题继续谈自己的看法。

第二次的笔记，学生心态明显开放很多，愿意吐露自己真实的想法和困惑。

陈　晴：性并非我们想象得那么恶心，认为性恶心的人，往往是缺乏性教育的人。学校里不会对我们进行性教育，父母也不会如实告诉我们，我们对性没有真实地了解，但是会在学校里听到一些扭曲的性知识，久而久之就成了这样：听到关于男女之间的事情就非常兴奋。有的因为缺乏性教育，做错了事，甚至被伤害，十六岁的少女怀孕是最好的例子。

要防止这样的事情再次发生，就应该对孩子们进行性教育。父母是我们最亲近的人，也是我们最相信的人。只要父母告诉我们真实的“性”，那我们就不会对“性”恶心，听别人的胡话。就像父母说我们是捡来的，不但起不了作用，还让我们对亲情有质疑。我真搞不明白，让父母如实地告诉孩子从哪来，真的有这么难吗？

高丰楠：“我就把你抱回家养了起来……”

“那表妹呢？”我问（表妹比我小一岁）。老妈很淡定：“一年后，又发大水，河上漂下了你表妹，你二姨就把她抱回家养了起来。”于是我就去问二姨，问外公，问外婆，大人们的回答如出一辙，我越发相信自己的身世。

又过了几年，小我五岁的表弟长大了一些，他也问舅妈同样的问题，舅妈也给他同样的回答，他不相信，于是舅妈把我的好表妹拉过去帮衬，说：“不信问姐姐，她们也是河里漂过来的。”我和表妹傻了吧唧地点头。唉，当年曾一度为我们姐弟的身世悲伤过，一度怨恨过村子里的那条大河，一度认为那条大河神秘无比。

孩子向父母提出关于“性”的问题，大部分家长都选择缄口不言。好奇心害死猫，孩子们的好奇心是十分强烈的，你不告诉我，那好，我自己寻找，最后往往走上了错误的道路……我觉得最好不要骗他们。如果大人觉得不太好说，可以用有趣的方法告诉他们，也不必一脸严肃，应该和平时一样，不要让孩子觉得这件事很特别。这是我能想到的最好方法，一点一点改变，一点一点进步吧，希望大家都能渐渐认识到性教育的重要性。

黄xy：也许我们要是了解一点性知识，同性恋也能理解。但我还是不懂……

相比第一次随笔，第二次的批阅让我更加有成就感，虽然黄同学依然表示不能理解，大部分男生反应也不热烈，但我总算完成了第一次和学生谈性教育。

一个孩子想知道自己从哪儿来，对自己和他人的身体好奇，渴望接近喜欢的异性，实在正常。不过，太多成年人以敷衍甚至粗暴来应对孩子有关“性”知识的正常欲求，胆小的孩子会觉得“性”是肮脏和可耻的；胆子大的，选择其他途径了解“性”，满足欲求。

此种情形下，未成年人拥有正常性观念就极为困难。每个人的成长或多或少刻下环境烙印。人固然可以超越环境，但人也被环境塑造。这样一个时代，家长和老师早已不是未成年人知识的唯一来源，抛开影视不提，单是鼠标一点，各种信息涌来。问题是，有关“性”的信息，在影视和网络中，充斥着大量迎合生理本能的挑逗和暧昧。与其让未成年人面对这些，成年人不如以教育的方式，向他们传递正常的性观念。

要做到这点，成年人必须变革自己的观念，不再视“性”为禁忌和肮脏，知道“性”不只是本能，更是坦诚与爱，责任和付出。换句话说，成年人拥有正常性观念，是孩子接受正常性教育的前提，所以成年人任重道远。

在我的中学时代，关于“性”的知识被放在生物学科中，讲授的也只是人体知识，哪怕仅这些，我的老师还是选择跳过。一晃二十年，媒体虽有报道北京上海几个一线城市在性教育方面的尝试和进步，但就我身边的环境，性教育进展依然有限，相较我的读书时代，几乎没什么改变。

面对大相迥异的时代环境，性教育应该有更强的专业性。相较国外，我们不但缺乏性教育观念，更缺乏实践的目标和手段。层出不穷的校园性暴力，已经宣告校园性教育刻不容缓、势在必行，当下“不想讲，又不能不讲，但又不知讲什么”的尴尬现状必须得以改变。

家长是向未成年人展开性教育最重要的老师，但有关“性”的家庭教育往往缺失甚至扭曲。从我的教学教育经历来看，男生家长基本不会为这件事头疼，看到自己念初中的儿子带女同学回家留宿，有些人甚至抱着无所谓的心态：自己的儿子又不会吃亏；很多女生家长只是夸大男女生交往的恶劣后果，无视未成年人的正常感情需求。亲子之间，无法坦诚交流。一旦出事，父母往往就是羞辱责打，女生无法获得亲人的理解和安慰，痛上加痛。

要改变现状，学校作用有限。我希望家校合力，各负其责，各尽本分。从这个层面说，未成年人的性教育，需要所有成年人加强认识和行动。

学生创生主题词之大海还是鱼缸

2017 年 11 月，我预设“不堪又挣扎的父亲”的教学主题。电影课上，学生观看《海底总动员》，结合电影，讨论“未来选择职业，你是想留在鱼缸里拥有稳定与安全却缺乏变化的工作；还是游向大海，选择有无限的可能和精彩但要面对很多风险的工作”，学生对此话题兴致盎然，远超预设的“父亲”话题。我索性依据学生实际，课上组织他们深入交流“选择鱼缸还是大海”的话题，布置不少于三百字的随笔写作。以下是部分学生作品：

季宁萱：面对危机四伏的“大海”，我也很矛盾，害怕受到伤害，可能我就是所谓的“伤疤体质”吧。小小的伤害都会让我对未来充满戒备和恐惧，我不想让自己变成这样，所以应该学习尼莫的迎难而上，让自己接受挑战。

外面的世界很精彩，我渴望被身边的人理解。但就算所有的人都不赞同，我也要尽力让自己去外面看一看，就像影片中的吉哥。外面很危险，我也想去经历，不给自己留下缺憾。这是我成长必须经历的。

或许会有人指责我这是“不撞南墙不回头”，但又有什么关系呢？至少我经历了一场冒险，看见了大海。

闫铭歌：大海还是鱼缸，自由还是安逸，我觉得很难选。想要安逸、无忧无虑，但又不甘于周而复始的生活，枯燥至极。向往一望无际充满未知的大海，却又畏惧它的凶险和残酷。

但我还是希望可以在未知的领域闯荡，年少的野心驱使着我，让我想在那里留下属于自己的印迹。即使在那里，我没有知心的友人，没有温暖的家园，也无法顾及温饱，随时可能被优胜劣汰的生存法则给淘汰。但不是有句话叫有压力就有动力嘛，这重重磨难就是为了磨炼自己的意志，在一次次失败中成长。年轻是我唯一的资本，青春也是唯一可以任性的时光，抓住这唯一的机会，冲向浩瀚的海洋。也许其他人会觉得太过危险，会危及生命，但人最终的归宿不都是大地吗？何不在有限的时间里做一些让自己与众不同的事？我应该去闯闯，即使没有成为声名赫赫的成功人士，即使落得遍体鳞伤，但那又怎能与一段宝贵的经历和自我升华相比较呢？这世间我只来一次，何不过得有意义些？

在温暖的鱼缸里，我会过得衣食无忧，整日玩乐，但终日如此，似乎一眼可以望见自己以后的模样。这美丽的牢笼会将它诱人的一面展现在我面前，倘若不慎落入，那么就会失去宝贵的自由，像是断了双腿的人，永远待在那四方田地。

总之，我就觉得还是要勇敢地闯向大海，给自己的人生绘本添上与众不同的色彩，不枉这世间，我来过。

张　鹏：仿佛所有的动物都是为了自由而存在，从时代广场的蟋蟀到深海里的小丑鱼。

一条鱼，为了人类眼里虚无缥缈的“自由”，从悉尼一家私人牙科医院开始了它的逃亡之路，终于，它逃跑成功了；一只蟋蟀，在纽约的时代广场成为了一个大明星，获得了在愚昧的人类眼中至高无上的名利，却毅然决然地告别了好心的玛利欧一家，回到了在康涅狄格州乡下的老家，阻止狐狸追杀兔子。

鱼缸，一个囚禁的隐喻。在鱼缸里，只有那一片小小的空间，即使是天堂，也只有那一小片。大海，一个自由和无限可能的隐喻。在大海里起起伏伏，那才叫刺激。记得《帅狗杜明尼克》里有一个场景：杜明尼克遇到了一个三岔路口，正在犹豫走哪条路，一只鳄鱼巫婆出现了。她说：“左边的路充满了新奇与冒险，当然，与之并存的还有莫大的危险；右边的路则只有一成不变的风景，你走到一半就会厌倦，到时，你还得再沿着去时的路走回来。”于是，杜明尼克选择了左边。

现在，一年有十几万毕业生涌进北上广深，一个月拿着几千的工资，住在租来的十几平方米的房子里，还有的住在冬凉夏暖的地下室，图的是什么？不就是希望能在一线城市生活得好吗？反观那些吃着皇粮的工作稳定者，30 多岁就失去了斗志，泡泡茶，在空调间里玩手机，从第一天参加工作之日起，就能看到自己的老年生活。很多人继续过着得过且过的日子，做一天和尚敲一天钟。

“天将降大任于斯人也，必先苦其心志，劳其筋骨，饿其体肤”，那些住在“鱼缸”里的鱼当然不会被天降大任。天降大任的往往是那些在“大海”里和各种各样危险打交道的人。古今中外，皆是如此。iPhone 创始人乔布斯，二十几岁辍学回家，和朋友在车库里打造出改变一个时代的神机；Facebook 创始人扎克伯格，在斯坦福校园做通讯起家，逐渐发展壮大，直到成就了今天世界上最大的、拥有 30 多亿用户的通讯平台。而在 2000 年，马云在浙江一间不足 30 平方米的屋子里打造出了阿里巴巴，改变了整个中国电商，双十一的订单成交量一次次突破新纪录。日本作家东野圭吾，放弃了他在某公司的职位，辞职回家专职写小说，斩获了“日本第二江户川乱步”的殊荣。

以上种种，都是选择了大海而成功的人。

当然，并不是所有选择大海的人都能成功。

那么多涌入北上广深的毕业生，飞黄腾达的有几人？就算成功，同行业之间的比拼也激烈无比。

在鱼缸里，有吃有喝，也不失为一件好事，但一眼就能望见尽头的生活真是自己想要的吗？反正我不要。生年不满百，还不去闯一闯，活着到底有什么意义？被关在所谓“害怕”的囚笼中瑟瑟发抖，怕闯不出什么名堂，怕养不起自己，怕无颜见江东父老？罗斯福不是说“唯一能让人感到害怕的，就只有害怕本身”吗？遇敌先惧，还算是一个有远大志向的年轻人吗？马云说：“梦想还是要有的，万一实现了呢？”

在大海里，危险与机遇并存；在鱼缸中，没有危险也没有机遇，有的，只是一成不变的风景。

沉浮过，落魄过，腾达过，那才是我想要的人生。探索非洲的原始森林、太平洋的深海，还是在鱼缸里活着？在大海里，不仅有眼前的苟且，还有诗和远方。鼠目寸光地看见了眼前的苦难，怎么能看到一片光明的未来？怎么能看到诗和远方？“黑夜给了我一双黑色的眼睛，我却用它去寻找光明。”问个问题：“当某天你的梦想溺死在恐惧的海里，你难道不会有一丝难过？”至少我会。

闯，一时的难；怂，一世的难。孰乐？

朱均杰：大海，充满了机遇，却又波涛汹涌，一阵阵海浪说不定就会冲垮向往它的人。鱼缸，生活稳定、安逸，固然枯燥，可至少拥有一个稳定的家。我，显然更加向往后者，稳定的收入，会让家庭内部更加和谐，家庭生活拥有保障，而不是像那些向往大海，却又一事无成，浑浑噩噩过一辈子的人。

稳定的职业可以兼顾家庭。我们长大时，父母也都到了该退休的时候。这时，我们就挑起身上的重担，养儿育女，孝敬父母，而不是什么也不管，只想着拼尽所有。固然大海中拥有的机会更多，可真正成功的却没有几个。

我的志向也不是太远大，能吃饱穿暖，手上还有余钱就够了，公务员等稳定工作也比较符合我。如果我选择了投身大海，可能我会穷到只能住地下室，甚至吃不饱穿不暖，甚至成为他人口中的无业游民。再说了，我一个人初来乍到一个新的环境，什么也未曾经历过，心中难免会带有恐惧。选择鱼缸，并非懦弱，而是需要一双眼睛来发现平凡之美，去承担责任。

如同估计的那样，大部分学生愿意选择大海，他们的人生还没有开始，还有足够的时间去挥霍，所以觉得自己有无限可能，一个熟悉的小城容纳不下他们关于未来的梦想。我很喜欢这样的勇气，这样的张扬，这是年轻人的特权。年轻的时候，一个学生应该有这样的勇气和自负，哪怕仅仅呈现瞬间，表露笔头。否则，我没有办法想象他们的青春去了哪里。我更高兴读到朱均杰的文章，它表达截然相反的观点：想要安逸的生活。这起码证明课堂讨论具有包容性和多元性。何况，一个学生忠实于自己内心的想法，不去迎合大多数，这份独立和勇气，足以让我为他骄傲。

选择大海还是鱼缸，根本没有定论，更无高下之分。所以我不想对他们此时的倾向作价值判断。这个主题读写，教师应该做的事情是聆听和理解，论断两种选择的价值高下，实在是成年人权力欲和控制欲作祟。作为一个女孩的父亲，我希望我的孩子可以拥抱那种充满不确定性又有无限可能的生活，但我知道，我必须尊重她自己的意愿，如同必须理解和尊重这些学生对于未来的憧憬。批改这些文章，我完全沉浸于他们的活力与朝气之中。他们认真思考过、讨论过自己想要的生活，至于以后的选择，又有什么关系，起码他们的青春有过一次独立且真实的张扬。

家校共同体之穹顶之下，我们可以做什么

2013 年底，作为长跑爱好者，我开始关注空气质量，只要空气质量重度污染，就停止剧烈运动。当时身边的人对此缺乏关注，以为我小题大做。我最痛苦的是在重度污染天，看到学生依然进行大课间的户外运动：长跑、跳绳、仰卧起坐……我在班级读过一些雾霾科普文章，也试着和有关部门沟通很多次，希望在空气污染严重的日子，学生可以停掉户外活动，但作用不大。

2015 年初，雾霾成为热议的公共话题，我决定做一次相对详细的雾霾专题：没什么比生命更重要，总得教会学生应对现实，保护自己。

我从《新京报》《中国青年报》《中国教育报》等权威媒体选编印发了有关雾霾的一些专题文章，课上给学生放了有关雾霾的纪录片，让他们和家长一起看看写写。我觉得还是指望家长靠谱，毕竟家长才是孩子最坚实的保护人。

丁　玲：说起口罩，我还和老妈吵了一架。老妈在做饭，我和老妈说："妈妈，您能不能给我买个 N95 口罩啊？"

"什么口罩，听都没听过！"

"N95 口罩！"我大叫。

"小声点，不就是个口罩嘛，用得着吗？还 N95 口罩，一听名字就很贵。"

“切，您不就是舍不得花钱吗?”

“谁说的，我赚钱不都是为了这个家，为了你们吗?”

“我知道，但口罩对我也重要呀，现在雾霾那么严重，当然要戴口罩啦!”

“不买，不买，不就是雾霾吗?没事!”

“妈，到底是我的命重要，还是钱重要啊!”

丁玲妈妈：现在说保护环境，当然应该，治理才是实际的方案，雾霾天不是一天两天的事，是一直都会存在的问题。当务之急是想办法治理，这才是长久之计。

《中国教育报》说“灰蒙蒙的天气，学生怎么上体育课?”上课肯定是要上的，毕竟体育课有助于孩子身体健康，但是重度雾霾天就不要上了。

看了好多报道之后，感觉各个部门都不尽力，我想改变一些，也只能说说罢了，有时候心凉得叫人说都不愿意说了。

蒋逸虓：碰到重度雾霾天还要我们去跑步吗?我们不去运动是会导致我们的体质下降甚至会不达标，但是学校就不能建议学生们戴着口罩去跑步吗?我们的语文老师有一句话说得好：“我戴口罩不是说我怕死，只是不想不明不白就死了。”

蒋逸虓妈妈：尊敬的老师，我观看了雾霾纪录片，感觉这个世界很可怕，我们人类怎么会把空气搞成这样呢?我不想因为某些人的自私而葬送了我孩子的生命，所以为孩子准备了N95口罩和空气净化器，不管这些东西多少钱，我都买给他。我只想让他可以好好地活下去，可以活得时间更长。

星期一，孩子给我看了一篇报道，说重度雾霾天还让他们去跑步，这不是在害他们吗?反正我不允许我的孩子受到伤害，我想每一位家长都不希望孩子受到伤害，只想看着他们健健康康地长大。所以我希望在重度雾霾天不要跑步了，如果非要跑的话，就让孩子们戴上口罩去跑步，这样家长们也放心，毕竟孩子是家长的命啊。

陈雅雯：上个星期五，AQI的指数达到222，PM2.5的指数为155左右。早上我们进行课间跑，跑了四圈。第二圈，就觉得胸口一阵阵疼痛。但是我还是坚持跑完了四圈。之后，不只是胸口疼，就连脑袋也一阵阵发晕。下午又有体育课，再跑两圈，我向老师提出建议：今天雾霾的指数比较高，我们少跑一圈吧？

老师瞪了我一眼，回道："那我们直接搬到一个没有雾霾的地方去吧。"谁不想呢，但又有谁办得到呢？我们还是跑了两圈，又多吸了很多口雾霾。唉！谁让我是学生呢，学生必须听老师的话，想反驳却不敢……

在室内上体育课，这种生活似乎离我们很远。我们每天跑步，上体育课，做人肉呼吸机……为什么我们一定要傻乎乎在雾霾天上体育课，坚持课间跑呢？我们可以戴口罩上课啊！

很多家长都很重视孩子的健康。但是我爸光嘴上说从来不行动，我让他给我买一个N95口罩，总是说"哦哦"。半个学期过去了，我连口罩长什么样都没见过。有时候，跟爸爸聊天，谈到PM2.5，老爸总是对我说："PM2.5跟我有什么关系啊！又不是我造的，我又没有办法让它消失，跟我说有个什么用啊？"

对这不可理喻的爸爸，我有些不知道该怎么办："爸爸，你说雾霾跟你没关系，那我问你，你每天都开车上班，那些排放的车尾气是什么？"爸爸愣住了："那你叫你的老师们也都别开车，他们做得到吗？"

"爸爸，我不能管住别人，但是我觉得，我们应该从自己做起，做好榜样。如果你怕不方便，我们可以自己保护自己，买口罩和空气净化器。"爸爸又开始算起账来。我已经按捺不住自己的情绪，也不顾爸爸是长辈："你能不能不想着你的钱啊！到底是命重要还是钱重要？"爸爸受到打击上网看了一下价格，还是不买，唉……

陈雅雯的妈妈：通过和孩子一起观看雾霾纪录片，我们知晓了雾霾常识，了解了雾霾的危害性。仔细观察我们周边的环境，污染到处存在，我们要从自身做起减少污水排放，汽车尽量少开，发现有工厂乱排污水和废气，要及时举报。我们应该戴口罩出门，雾霾指数高，应减少户外活动。与孩子共同维护公共卫生环境，保护好自身健康。

王佳烜：初看此片，我不明白拍摄者要做什么。看完后，我知道什么是PM2.5，它是如何构成的……但又能干什么，我们普通百姓又能改变多少？看完雾霾纪录片，我觉得我和我的家人只要相亲相爱，幸福地在一起就够了。或者力所能及地爱护、保护环境就OK了，因为我们没有办法关闭工厂少烧煤。

王佳烜的妈妈：对于这个主题我倒不是反对，女儿不止一次在我面前说要买口罩，我没放在心上。如今看了雾霾纪录片，我有个疑问：片中的小女孩的健康与PM2.5有关系吗？在雾霾横行的这个地方，我同事孩子都健康出生，难道北京比张家港更严重？看了一个多小时感觉就是紧迫又害怕。但我们能做什么，呼吁国家关闭工厂吗？我能做的就是保护我的家人。

李欣雨：上小学的时候，只要下雨或天气不好时，我们就在教室里做游戏做操，现在我们是不是也可以这样做呢？我想这是可行的，但有一个问题：如果一直在室内这样上，我们体育成绩怎么办？难道体育中考要挂上红灯笼？我们的体质该怎么办呢？在室内上体育课，不用吸雾霾是好，却有了这么多问题。如果停掉户外体育课，时间一定会被其他科目占了。作为学生，一天下来，上得最多的就是语数英，如果体育课也被占，我们一定很生气。

李欣雨爸爸：我个人认为，雾霾天体育课在室内上比较好。如果学校不具备在室内上课的条件，在室外也不要做一些剧烈运动。孩子是祖国的未来，健康的体质是一切的根本。虽然现在没有更好的办法解决在雾霾天上体育课的事，只要大家都齐心协力一定能战胜雾霾，让雾霾不再出现。希望世人都热爱大自然，都热爱自己的家园。污染空气，污染环境就是侵犯他人生命。希望企业都能对社会、对人类有益无害，愿企业家们个个有爱心，让雾霾永远消失。

朱佳瑶妈妈：自上次看了雾霾纪录片，才知雾霾远比我们想象的厉害得多。这种雾气看似温和，我们肉眼根本无法看清，里面却含有各种对人体有害的细颗粒，有毒物质达20多种，这些物质会对我们的呼吸产生影响，可能会引起感冒、支气管炎及肺炎等。特别是对正在长身体、发育的小孩子们，影响较大。

现在环保局、教育局等领导部门也没有正式规定雾霾指数超标多少，孩子们停止一切户外运动。运动后呼吸剧烈，此时会吸入大量受污染的空气，对小孩身体绝对不利。我觉得目前体育课以天气预报为准，雾霾严重就停止，较轻就去户外运动，这样会好一点吧。

至于这种天气，其实与每个人都有关系，人人都是制造者，人人也是维护者。从自我做起，绿色环保，每天步行上班，恐怕做不到，毕竟说起来容易，做起来难啦。

记得我们有一次去锦丰华尔润培训，刚到锦丰的边缘，天空就雾蒙蒙的，根本看不到蓝天白云，难以想象经常在这样的环境下呼吸。从经济出发，当然希望企业越兴旺越好，我们每个小家经济才稳定，不然，一下子那么人多失业，社会要失去和谐与平衡。

矛盾无处不在无时不有，谁又能把握好这个适中的尺度呢？经济要发展，主要靠工业，发展工业就会排污气污水，影响环保，如何做到两不误，只能希望政府部门尽早解决这个问题，早日还我们一片蓝天。

亲子共谈雾霾的文章，家长和孩子的反应各不相同：无可奈何、不知所措、反应激烈、爱子心切，想要环保却又担心经济发展，特别是王佳烜妈妈，对纪录片本身的逻辑有所质疑……共同点是，他们正视雾霾，开始关注，开始思考，哪怕觉得暂时没有解决办法，但雾霾危害和雾霾防护成为亲子话题，就是改变的开始。

除关注孩子，家长们也表现出难能可贵的理性，特别是朱佳瑶妈妈提到经济与环保的矛盾，限于当时能力，我缺乏认识，错过问题的深度开掘。我觉得还应该讨论公地效应、企业自由竞争与环保投入、企业负担与环保意愿的关系，还有环保税对于环保的实效影响等话题。持续地学习和思考，不仅适用于学生和家长，教师更是如此，也只有这样，我们才能深入到问题的本质。

几年过去，空气重度污染天，学生停止户外运动已是共识，我所在学校的领导也比较关注空气质量。但我还是觉得，教师不能永远等着上级指示，而是应该在力所能及的范围内主动做点什么。这不是勇敢，而是一位公民应当具备的社会责任感。

家校共同体之外地人的痛，你们不知道

2012年4月，我批阅学生的读书笔记，看到学生高丰楠的文章："我还深刻地记得转入红蕾（张家口一所民工子弟学校）那天，是个异常阴冷的日子，环顾四周，全都是陌生而又充满好奇的面孔。目送老爸远去的背影，我感到莫名的孤单。"她从生活了十几年的地方离开，来到一个完全陌生的环境，她写道："这学期开学，我们班来了新同学武洋，我在他身上看到了五年级时我的影子：孤单，胆怯，疏远。我可以断定他的成绩不好，可有些老师却不怎么在乎，因为我恍惚间听到老师说过这样一段话：'某某怎么办呐，她是本地人，她这样中考的时候一个班要被她拉下好几分呀……'那么，外地人不必担心，在合适的时间会离开，真的是这样吗？外地人的孩子只能在外来务工子弟学校上学，外地人的孩子想要到好一点的学校上学，要找关系，要往坑里扔钱，还要舍得扔，外地人的孩子不被在乎……可怜的外地人的孩子！"

那时，我在张家港教书十年了，时常听到一些成年人拿"本地人外地人"说事，却不曾想过，自己所教班级，居然也有孩子苦苦纠结于"本地人"和"外地人"的身份区别。

2012年11月，我有两个学生计划学期结束，就转回老家，因为他们无法在这里参加中考。那一刻，我觉得自己必须做点什么，于是在网上收集相关文章，编成专题讲义，印发给学生，又找到相关主题视频，课上播放。讲义开头，我特意加上高丰楠的文章，希望身边同学的经历可以触动他们。用三节课，学生观看“异地中高考”的主题视频，阅读主题讲义，写下自己的阅读体会。

我觉得家长应该参与这个主题讨论，和孩子对话，推动观念甚至是改变行动，于是要求学生把讲义带回家，建议亲子共读，父母写下各自的心得体会。我没有组织学生进行主题讨论：涉及个人状况和情感，相对私密，面对众人，当众称述，也许会承受过大压力。

外地学生的话

李寒梅：我爸是一个普普通通的建筑工人，他整天和那些钢筋水泥打交道，一不小心就会受伤。其实我不一定非要在这个城市上学，我也可以在老家上学，但一想到我爸这么辛苦地挣钱供我念书，我还是努力学习吧。

武　洋：我迈进新学校的第一天，忽然就觉得恐惧。我说着还有点生疏而且夹着老家口音的普通话，拼命想要融入这个学校、这个班级。偶尔听见有同学说：“他是外省的，怎么来这上了？”这样的话让我觉得融入这个集体是那么遥不可及。我慢慢发现，在老家混了两年让我已经变得懒惰，对知识的渴望渐渐平淡，想要提高成绩，真是心有余而力不足，这让我这个外省学生更加不想待在这里，一度想逃回老家。

赵　升：小学升初中的时候，我们班原来是30人，到最后只剩下十几个人了，他们都回老家了。现在我也知道了自己不能在这里考高中，本来父母想再等等，看看会不会有新的政策出台。但是很长时间，也没有消息，他们依然在等。我有时候会说：“要不我回去上学吧。”爸爸瞪了我一眼，生气地说：“回去干吗？你什么都不会干，你回去了，谁照顾你呀？暑假的时候你不是回去看过了吗？老家的学校教得不好，教学条件也不好。”我爸说得没错，暑假回老家，我到了叔叔家，他的小孩就在老家上小学，听他们说一个教室要挤六十到七十个学生，老师教得也不好。

孙西茹：现在，我们班有两位同学要转学，只因为是外地人，所以只能回到老家去上学。我觉得他们挺可怜的，父母把他们带到这儿，只希望自己在这找一个更好的工作，子女也能完成学业。现在，子女要回老家，父母又不能跟着一起回家，这让那些父母怎么不伤心？子女走了，父母想他们了怎么办？

我也是外地人，不知道过了一年之后，自己要不要回老家。回到老家，由于教材不一样，还有可能要留级。想到这儿，我就觉得很心酸：外地人和本地人都是人，哪有什么分别？我们都生活在这个世界，我们都有着相同祖国，相同种族，相同肤色，为什么不能和本地人一样？难道就因为是从外地来这打工而被瞧不起吗？我们来到这个城市，不是来受歧视的，也不是来看本地人的冷眼的。本地人的小孩长大以后迟早也要出去，难道也喜欢被别的城市的人称为“外地人”吗？所以这种讥讽、嘲笑不应该存在。

本地学生的话

李婷婷：我有一个特别要好的朋友，从小学一年级就在一起玩，一直到现在。但是以后，估计我们连见面的机会都没有了，因为她是重庆人，不能在这里参加高考，必须转回去。

还有一个好朋友，也是外地人。前几天，我问她下学期就要转走了吗，她的回答让我大吃一惊。她说：“我不清楚，好像不转了，我妈让我去念职高。”可她不想考大学吗？但我转念又想，这也不怪她爸妈，哪个父母想和自己的子女分开啊，只因为他们是外地的，不转回老家，就只能读职高之类的学校。

杨鑫宇：我们班就有许多外地生。我与这些同学的关系一向比较好，但是，他们上到初二初三，大部分人都会转回他们老家去上学。一想到他们要走，我的心中难免会泛起阵阵酸涩。不过，又能怎么办呢？政策不允许（他们异地高考），他们只能回老家上学，他们的父母就无法陪伴他们，他们会和我一样成为留守儿童（我父母长年在外地工作）。我打心眼儿里讨厌这个词语，每次提到这四个字，其他人就会用异样的目光来看我，看得我心里直发毛，我不希望这件事发生在身边朋友的身上。因为那种滋味很难受的。我经历过，我知道，那种感觉我永远也忘不了。

外地户籍的学生们真实地展现自己的困境：他们很小就离家，跟着父母闯荡，故乡早已模糊。他们不想回家，不愿和家人分离，自卑而迷茫，极度渴望被尊重和理解，想留在这里考试升学。因为“外地人只能回原籍高考”，相熟的同学和伙伴被迫离开，本地学生的内心被触动，“外地人”不再只是一个冰冷的符号，而是和他们相熟的同学，要好的玩伴。面对此种现实，本地学生和外地学生不仅仅只是有了情感共鸣，他们开始思考自然属性标准的身份划分与权利差异的不合理。

对于人口流动和城市化，有些本地成年人缺乏认识，又因为原住民福利等原因，他们缺乏对于外来人口的基本尊重，“江北人”“外地人素质差”时不时从他们甚至我的个别同事嘴里出现。但所谓用观念战胜观念，不是指改变上一代，而是促成下一代的觉醒，进而以观念推进现实变革。探讨本地人与外地人的话题，学生们相互倾听，彼此尊重，观念改变得以发生。

外地家长的心声

段柔的妈妈：都说穷人的孩子早当家，女儿 6 岁时便懂得帮我和她爸爸做一些简单的家务，这让我们感到一丝安慰。可是小学三年级的一天晚上，准备上床睡觉，她突然问了我一个问题：“外地人很差劲吗？”我先是一愣，然后问她为什么这样问。她说：“今天有老师来班上选人跳舞参加比赛，那个老师本来要选我的，可是听见班主任对那个老师说我是外地学生，比较笨，学不好的，虽然老师声音不大，但我听得很清楚。妈，我也想学，我喜欢跳舞，可是为什么外地的学生不可以去学啊？我觉得我并不笨啊。”女儿说着说着就哭了。

女儿哭累了，便趴在床上睡着了，我为她掖好被子也上床睡了，可是怎么也睡不着。女儿的话让我又生气又愧疚，我气地位不平等，外地人不也是人吗？我的孩子怎么了，为什么要受到这样的待遇？我愧疚没有让女儿和其他孩子一样一直无忧无虑。

不过，现在好多了，生活比以前好了，女儿也比以前更懂事了。但是，我更希望本地人能平等对待外地人。

王云龙的妈妈：我来到这个城市已经20年了，我和丈夫在这里做小生意，孩子一直跟我们在这里生活与上学。但是有一个问题，我很不甘心，我们孩子只能在这里上到初二吗？孩子在这里成绩好，回到老家，父母不在身边，容易学坏，还有生活自理等一大堆问题该怎么解决？我想好多外地来打工的家长都跟我一样发愁：回家，但家里没什么发展，一家人还得生活；不回家，孩子放在老家，能放心吗？

儿子很乖，知道父母的一切苦恼，从不抱怨我们，还对我说："妈妈，您不要愁，我早晚有一天都要离开你们，这样我才能自立，才能体会有你在我身边多好。"我听了，眼睛有点湿润。

本地家长的心声

黄嘉豪的妈妈：今天看了孩子带回来的关于外来务工人员的几篇报道，我感触挺深。为了生活，他们不得不四处漂泊，居无定所。因为没有文化找不到轻松工作，便只能去干一些又脏又累又危险甚至被人所瞧不起的体力活。他们没有保险，甚至不知道出了事故要找谁索赔。我觉得他们伟大而淳朴！

黄雪怡爸爸：看了高丰楠同学的作文，我感触挺大，但这仅仅是"外地人"所言。其实"本地人"的孩子要想念好的学校，也是要找关系的，也要往"坑"里扔钱，我想就是这种不良风气造成这种社会现象。

我家是个普通的家庭，乡下别的没有，就是有几间多余的空房，一直都是出租给外地人住，从来都没有看不起租客。他们跟我们相处都挺好的。从前有位租客，在我家一直住了十几年，直到去年他回老家开创自己的事业才离开。回了老家，他还一直给我们打电话，问问家里情况，问问我们的身体情况。前阵子我的爷爷去世，我家里现在的租客主动问我们有没有什么需要帮助，我们听了也很感动。我妈叫他们都不要做饭，到我们家里来吃，他们也爽快地答应了，我想人与人相处长了都会有感情的。

我能理解高丰楠所说的本地人看不起外地人，但这个说法不是完全正确的。外地人有素质差的，难道本地人就没有素质差的吗？假如你到外地去打工，你想别人也不把你当好人看吗？

段柔的妈妈不识字，上面那段话是她口述，女儿记录，母女一起完成的。外地家长讲述外出谋生的艰辛与努力，为孩子进入本地公办学校所作的种种努力，但更为担忧孩子不能在当地继续就读升学。很多本地家长也开始思考习以为常的户籍歧视，对外地家长的遭遇，尤其是外地学生的入学和升学表示理解与支持。

邀请家长加入讨论，我是希望“本地人和外地人”这个公共话题尽可能开放，学生的父母能够打破户籍制度下的惯性认知，可以彼此了解，进而改变观念，甚至和孩子一起完成行动转变。

但是个别外地家长和学生在访谈中觉得本地人又笨又懒，一无是处，不过有个户籍罢了。长久的有形或无形歧视，造成少数外地学生和家长的心理弱势甚至怨恨，所以有些人忘记要争取的是权利，而不是以一种歧视来对抗另一种歧视，这是一个很值得注意的现象。由于一些原因，我虽然想继续深入反向歧视的探讨，却没有行动，错过一个极好的讨论话题。

到今天，异地高考在全国大多数地区已经放开，让人略感欣慰。不过，这个话题远没结束，观念的变革还未完成。完整和深入讨论这个话题，我觉得还需补充城市化与劳动力自由流动的关系，外来人口入学难与办学多元的关系等等，使得观念的转变有一个相对扎实的基础，可惜当时我不懂这些。

第四章

读书观影外加报告单的整本书读写教学

几年前，我开始整本书的读写教学实践，真没想到它会成为当下教育热点。那时想法很简单，不能只是重复过往，需要走向更高层级的读写内容，自然而然，就走到整本书的读写教学。

起初做整本书的读写教学，我是依据学生的实际能力，推荐学生购买《夏洛的网》《秘密花园》这些经典童书，让他们自己阅读，课上我再放映同名电影，组织讨论。做过几次，我发现很多学生并没有自我阅读的习惯和能力，只有极少数学生完成书籍阅读，整本书的读写课变成电影品析课。

要想真正有效地推进整本书的阅读教学，我首先就要解决两个问题：读书的时间哪里来？读什么书？指望学生回家读书不现实，不仅是因为个人学习习惯和能力的差异，还因为初中生的课余读书时间实在太少，毕竟他们不是只学习语文一门功课。

我对教材篇目进行更为细致的选择，舍去一些课文教学，为整本书读写教学留出时间。我注意挑选具有经典性、趣味性，篇幅为十万字左右的书籍。所谓经典性，就是经过时间检验，文本有足够张力，内涵丰富。限于学生基础和能力，过于艰深会让他们没有信心，过于简单，又不足以提升他们的能力。趣味性，则是更多着眼于书籍贴近学生日常生活，能够引发更多共鸣。初中生考试科目很多，除了完成学校作业，还有很多课外补习，我也缺乏有效方法让学生回家自觉阅读。要是书籍的篇幅过长，单凭我的语文课时，无法承受。

这样的情形之下，我开始整本书读写教学实践。

《小王子》：驯养与责任

考虑学生的学习基础和年龄喜好，第一次的整本书读写教学书籍，我选择了《小王子》[1]，它是意蕴十足的童书经典，讲述“爱”“死亡”“生命意义”等宏大主题，虽以童话形式写成，却没有太多起承转合的故事情节，所以更需要师生的深层思考与交流。我以“什么是驯养？谁和谁建立了驯养关系，他们有哪些变化？”为主线，延伸到“国王、冒险家、酒鬼、蛇这些形象的象征意义”。学生在课上读书，分析讨论，观看同名电影，用尽一周的七节语文课。

在课上，讨论点灯人的象征意义，学生意见产生分歧：部分学生觉得他和小王子前面遇到的国王、酒鬼这些人完全不同，他在勤勉工作。部分学生则发现了点灯人的工作生活每天一样，循环重复，缺少变化。我由此介绍《西西弗斯的神话》里推石头上山的隐喻，提醒他们要在以后的日常生活中发现意义，尽可能去创造和变化，不要把每一天过成一个样却浑然不知。

课堂讨论的结尾，有个学生问了一个问题：小王子和“我”也建立了驯养关系，为什么最后还是选择以死亡的方式回到玫瑰身边？李欣雨当即回复：“虽然都是驯养关系，但小王子对待玫瑰有更多情感与牵挂，因为玫瑰相对他来说，实在太过弱小，小王子觉得自己有必要回到玫瑰身边，照顾

① 圣埃克絮佩里．小王子［M］．周克希，译．上海：上海译文出版社，2007.

它，呵护它。”这个精彩的发言，赢得阵阵掌声。

读完《小王子》，我给学生布置读书笔记的写作。读写笔记的写作，是从课堂教学的结束处出发，继续思考，把所学所论，真正内化为自己的所思所得。

沈秋月：“恋爱”不仅使小王子懂得驯养与责任，也让所有读者明白了：只有用心才能真正看见仅仅用眼睛看不见的本质的东西。你为他花费了时间，投入了情感，才是他变得如此重要的原因。也许此刻抬头望天，你会看见天上的星星幻化成小铃铛，传出阵阵“咯咯”的笑声，又甚至你会在天空中某颗星星上，看见小王子和玫瑰相依在落日之下。

心　空：驯养就像一把双刃剑，没有驯养之前，你可能自私冷漠，只关心自己，不考虑他人的感受，独自承担一切。你没有可以谈心的人，必须忍受孤独。但被驯养了，你会改变，会逐渐考虑他人的感受，有什么烦心的事也会有人与你分担。你可以和他分享喜怒哀乐，让枯燥的生活增添些色彩。可是如果有一天，他要离开你，你会突然觉得生活中缺少了些什么，难免要哭，要伤心。

居梦蝶：我们在付出的同时便也决定了在乎，所以付出越多，爱得自然也就越多。因为付出与爱，才导致小王子如此地爱着玫瑰。还有一句“本质的东西是看不到的，我们要用心去感受”，我们也许会因一个人的外表而去信任他 ，喜欢他，还没有了解实质之前，就想与他做朋友，这是人的本性。然而真正可贵的是一个人的内心，用心去感受是指真正去接纳一个人。正是狐狸的这句话，才使得小王子在最后更加坚定了去寻找玫瑰的勇气。他想回到从前，一直守护着玫瑰。

小王子走了。我们并不知道他是否已经回到自己的星球了，也不知道他是否与玫瑰幸福地生活在一起了。也许正如狐狸所说，本质的东西需要用心去感受吧。

朱敏慧：每个人小时候都会有童真，但长大了，我们是像小王子一样记住这些，还是变成狂妄自大，喜欢用权力压迫别人的国王，变成那个觉得自己的地位比别人要高的虚荣人？会像贪婪喜欢占有的商人，还是懦弱的酒鬼和没有思想的点灯人？

我记得小王子有一次很生气，是因为飞行员说自己在做正事，而那时小王子正和飞行员说他的玫瑰。在大人眼里，他们认为小孩的事不重要，都不是正经事，只会觉得很幼稚。但在孩子的眼里，自己的事就是正事。而大人们很少站在孩子的角度上思考问题，他们只顾着自己的感受。就如现在我们身边的大人，他们只知道要多赚钱，把孩子养大成人，孩子要努力读书。在他们的角度上，大人们觉得自己是为了孩子好，但从来没有想过孩子的感受。也许孩子根本不这样觉得。

于　淑：为什么很多大人都是这个样子（不去考虑孩子的感受）？因为他们从来都没有真正驯养或者被驯养，他们总是想着自己，从来不为别人考虑，而被驯养的人，就像小王子，他知道了为自己的花儿着想，也知道花儿带刺的原因只是为了保护自己。在他心中，花儿是脆弱的；而在别人心中，花儿的刺天生就是来攻击人的。这体现了驯养关系的伟大。

乔　璐：在小王子的旅途中，他遇见了形形色色的人，并和其中的一些建立了驯养关系。说起来都是驯养关系，但细细想来，却有所不同。

在小王子的心中，他有三个深爱的朋友：玫瑰、飞行员和狐狸。小王子最放不下、最担心、用情最深的应该就是玫瑰了。小王子看着玫瑰诞生，他想尽了一切办法满足玫瑰的要求。在小王子眼中，玫瑰娇弱无比，所以他要呵护玫瑰爱护玫瑰，即使小王子因为玫瑰的虚荣和自大出走，但也不能证明他停止了对玫瑰的爱。

其实我觉得小王子的那次出走从某些方面来说是正确的选择，因为出走，玫瑰变得坚强，小王子也明白了爱的真谛。他更加懂得了自己对玫瑰的爱。

在小王子眼里，刺是玫瑰应该拥有的东西，即使刺是危险的，但小王子就是觉得娇弱的玫瑰应该拥有这些刺来保护自己。在故事的最后，小王子为了回到星球，陪伴他最爱的玫瑰，甚至不惜用自己的生命来作为代价，选择让毒蛇咬死自己。小王子究竟有没有回到属于自己的星球，有没有一直陪伴着他的玫瑰，我也不知道。但我知道，我了解，小王子对玫瑰深沉的爱一定是回到了星球，回到了玫瑰身边。

读书笔记的完成，标志《小王子》课堂读写教学的结束，但有几个问题让我困扰：观看电影和阅读书籍怎么更好融合？一个问题贯穿的主线教学，会让学生忽略其他内容，削弱书籍的丰富内涵。怎么给学生一个更好的抓手，有效地完成整本书的细致梳理和深入思考？读书笔记的习作，又如何进行指导？这些问题，我需要在下本书的教学实践中寻求解决。

《麦克白》：悲剧源于他人，还是自己

整本书的读写教学，不能任由学生在整本书的信息里挣扎，一定要给学生明确扎实的抓手：进入文本的切口要小、呈现的问题要大；文本的交流讨论要随时进行，因为学生会遗忘、失去最初的阅读体验；整本书的经典阅读最好能和原著改编的电影相结合，这样趣味更多，更能以不同阅读形式激发学生的体验和思考。

莎翁悲喜剧的篇幅都不算长，适合作为初中生整本书的阅读文本。莎翁总是能敏锐洞察人性的挣扎与分裂，呈现人的矛盾和复杂，为区分文学作品的杰出和平庸树立标尺，其悲剧尤其出色，所以第一次做莎翁专题的整本书读写教学，我选择悲剧《麦克白》。

我把电影《麦克白》和原著交叉阅读，用自己编写的读书报告单作为学生个人阅读的基础，配以学习小组的合作与分享，让学生深入文本，最后希望学生改写剧本、进行戏剧表演。这样的实践可让读思写演全方位结合，充分调动学生的积极性，使之与一流文本展开深入对话。

学生用的是朱生豪译本的《麦克白》，我先印好读书报告单，发给学生：

1. 第一幕第三场，邓肯称麦克白为英勇的壮士，后来又说好大的幸运，为什么邓肯会有这样的变化？

2. 邓肯为什么封长子马尔康为亲王？为什么又当着麦克白的面称赞班柯？

3. 邓肯为什么要去麦克白家赴宴，而不是和麦克白一起去王宫庆祝？

4. 班柯为什么不向国王说明女巫的预言？

5. 三个女巫和赫克忒为什么向麦克白讲述未来的预言？

6. 麦克白夫人为什么会梦游？

7. 邓肯的悲剧和谁有关？为什么？

8. 麦克白的悲剧和谁有关？为什么？

9. 麦克德夫的悲剧和谁有关？为什么？

10. 马尔康继位后，会是一个仁慈的君王吗？

我依照文本顺序来设计读书报告单上的这些问题，既深入发掘部分章节，也注意立足全书，对前后文本进行梳理和思考。

学生首先独立阅读、填写读书报告单。为提升他们阅读的专注，学生第一次独立阅读三十分钟，就交流分享有关邓肯的问题；遇到障碍，小组讨论交流。梳理完有关邓肯的问题，学生观看电影《麦克白》。以此类推，交替进行，我随时捕捉生成性的问题，组织学生讨论。有学生提到麦克白残酷无情，不去看望自己的妻子。对此生成性问题，我组织讨论二十分钟，学生又有新的发现："麦克白不去看夫人，是因为他觉得生命没有意义，只是工具；他害怕见到夫人，想起杀人为恶的往事，不敢去见夫人，其实是害怕面对自己。"经典文本张力十足，学生总会有超乎教师预设的发现，只要言之有理，符合逻辑，教师一定要敏锐捕捉，进行问题生成，深入讨论。

观看名著改编的电影，学生就是二次阅读文本，他们可探讨导演的文本理解和细节把握，这是深入思考的绝好契机。电影《麦克白》的结尾，导演改编情节为"麦克白不想杀死麦克德夫"，我问学生：为什么麦克白不愿杀死麦克德夫？讨论之后，学生认为是麦克白想掌控自我命运，不愿再被操控。但最后还是被杀死，可见他命运的悲哀和无奈。

用一个星期的语文课，我和学生一起完成《麦克白》的初步阅读，随后，学生完成读书笔记的写作。

孙亚婷：这部悲剧，最可恶的就是三个女巫和赫克忒。她们拥有至高无上的魔法，却把人们的生命当作儿戏，把麦克白耍得团团转。得知三个女巫给麦克白制造悲剧没有带上自己，赫克忒竟然要证明自己的地位——魔法总管，让麦克白误认为任何人都无法杀掉自己，使麦克白达到一种丧心病狂的状态。如果说，三个女巫是这场悲剧的“导火线”，赫克忒就是剧中的“汽油”，让“火”烧得越来越旺。如果没有她们四个，也许，就不会发生这场悲剧。

张海宁：麦克白，一位屡立战功的英雄，在夫人的怂恿下，从善良走向邪恶，雄心变成了野心。在邪恶野心的驱使下，谋权篡位伤害无辜，最终走向死亡。刚出场的麦克白气势非凡，镇压叛乱抵御外敌。可后来，他想得到权力成为国王，利欲熏心，变成了一个恶魔。

邓肯的死亡，是麦克白实现王位计划的第一步，在夫人的驱使下，麦克白杀死了邓肯，嫁祸给无辜的人。计划谋杀邓肯，麦克白犹豫不决，思想经过多次争斗，才下了决心。可在杀邓肯的那一瞬间，麦克白又是那么残忍果断，矛盾的人性显露出来。

班柯明明可以阻止这场灾难，却相信女巫的话，在女巫的言语诱惑之下，为了让自己的子孙君临天下，没有阻止这一场悲剧的发生，而是选择做一个旁观者，他眼睁睁看着麦克白杀死邓肯。邓肯被杀，电影里班柯的眼神又是那么悲伤，人是多么矛盾啊。

姚雪婷：《麦克白》这本书主要讲述了主人公麦克白走向毁灭的故事。

曾经的麦克白骁勇善战，杀敌无数，功名显赫，原本可以靠着这些荣誉安度一生，但却因为听信了三个女巫的预言，使自己落得凄惨结局。可我更认为，女巫的预言只是一根导火线，真正的原因其实是他内心的欲望。

女巫说他会成为未来的国王，于是他不择手段地想要成为国王，先是杀了邓肯，又杀了班柯，内心的欲望之火被女巫的一句话点燃，最后引火上身，玩火自焚。

麦克白的悲剧与邓肯，还有麦克白夫人有着密切的联系。

书中邓肯因为惧怕麦克白功高盖主，于是宁愿选择去麦克白家中庆功，也不想在皇宫奖赏麦克白的功劳。正是因为邓肯不信任和猜疑，麦克白动了杀心。

有句话说“每个成功男人背后都有一个成功的女人”，麦克白的悲剧倒是可以说“每一个失败的男人背后都有一个失败的女人”，让麦克白真正走向罪恶深渊的不只是他内心的贪念，更有麦克白夫人的怂恿。女人最喜欢把自己的一己之见和个人好恶以甜言蜜语的方式强加于男人。

麦克白的悲剧也提醒我们，一定要克制自己的欲望，自身的欲望能成为积极向上的动力，也能成为悬在头顶的一把刀。名利不是生命的全部，不要崇拜名利，摆脱名利的枷锁，一样能潇洒快乐地生活。

季宁萱： 有人认为是三个女巫害了邓肯，但如果不是邓肯的猜忌，让麦克白起了杀心，自以为聪明地打压麦克白，他也不会丧命。邓肯的命运是可悲的，在命运之下，他不过是个被人厌弃的玩物，在那把匕首刺入他胸膛的那一刻，握着匕首的人不只麦克白，还有他自己。邓肯的猜忌、打压都成了麦克白野心膨胀的助力。在他机关算尽的背后，只有来自命运的冷眼与嘲笑。

书中另一大悲剧人物就是主人公麦克白，他成了女巫展现神通的棋子而浑然不觉，自以为掌控了命运却被命运扼杀。麦克白悲剧始作俑者是那三个邪恶的女巫，但如果不是麦克白内心有欲望和野心的种子，怎会在女巫的语言煽动下违背了自己忠君爱国的初心？

麦克白追随邓肯多年，但为了谋取王位、满足野心，丝毫没有顾及主仆情分。麦克白为了权力和欲望变成了杀人如麻的恶魔，表面上掌控着一切，拥有强大的力量，其实在和自己的初心背道而驰的路上，他早已落进命运设下的“甜蜜陷阱”。天罗地网，无处可逃。麦克白一开始犹豫过，但妻子的刺激、女巫的挑拨、自己的贪婪，坚定了他通往死亡的步伐！

再强大的人也有脆弱一面，麦克白也毫不例外。杀掉班柯，他在晚宴上看到了班柯的鬼魂，变得精神失常，人性中软弱的一面暴露出来。与其说这是麦克白的愧悔与良心不安，倒不如说他潜意识里害怕失去权力，恐惧被人报复。命运之所以强大，是因为它总能抓住人性的弱点。在恐惧的驱使下，麦克白又去找女巫，在女巫的蛊惑下，麦克白喝下蛊汤，在陷阱里越陷越深。

人性再复杂，在命运面前都是渺小的，只要命运稍不如意，就会把你抛进万丈深渊。既然无法挣脱命运的掌控，我们要在当下好好活着。

闫铭歌：剧中麦克白多么英勇，面对前方敌军毫不畏惧，但却因国王邓肯的私心，他的功绩被泯灭。在一次次隐忍和被人怂恿下，麦克白杀死了国王，登上至高无上的王位。但是他怕，他担心有人会威胁他的王位，也因为女巫的预言，他终于在恐惧和私心的驱使下，又一次杀了人。

刺目的血染红他的手，渐渐蒙住了他的双眼，冰冷的利器使他麻痹，使他变得残忍，成了众人厌恶的暴君。但是他的作为也令自己害怕，他的良知让他不安，他总能看见班柯的鬼魂在他身旁，血淋淋的画面让他恐惧。他也为自己的未来担忧，甚至去找女巫，让她们告知自己未来，以求安心。

他不敢面对自己的过去，以至爱人生了病，他也不敢探望，他怕见了她，想起那些人的死。他想要逃避，逃避惨目的现实，更是在逃避自己，以免受到良心的谴责。身上紧绷的弦渐渐断裂，频繁的杀戮让他觉得生命如此廉价，他们只不过是权力地位交换的筹码。麦克白的命运被女巫操控，可怜得像一个木偶，过着定好结局的生活，在别人的剧本里走完自己的一生。到了最后，他连生的希望都没了，夫人的死，他甚至觉得也是一种解脱。

命运也没有对一个女子手软，谁都想获得至高的荣誉和地位，但身为女儿身，麦克白夫人也只能寄希望于自己的丈夫。她很残忍，作为女人，她能有杀死尚在襁褓中的婴儿的狠心。她不甘心于丈夫的地位，一次次怂恿麦克白夺取王位，面对丈夫不时的懦弱，她倒强硬得像个战士。欲望使她失去了理智，冲昏了她的头脑，麦克白那一刀下去，血也溅到她的身上和心里，成了烙印。

麦克白登上王位，她也得到了想要的一切。但那被深深掩埋的良知还是露出，看到麦克达夫妻儿被杀，她的眼神中流露出悲伤，自己也许都不知道。夜不能寐，她见一个小孩就坐在她前方，那么洁白安详，她想伸手去摸摸他，但又愧疚地缩回了手。她看见自己满手是血，怎么都洗不掉，像是敲响的警钟，无时无刻不在提醒她犯下了那些罪过。她的良心使她终日沉浸在恐惧中。最终，她还是为自己的过错而付出了死亡的代价。

剧本的改编和表演，对于莎士比亚悲喜剧的主题教学，具有无可替代的意义。因为时间关系，剧本改编和表演的教学预想没有完成，这是个不小的遗憾。

在《麦克白》的读写教学中，我设计读书报告单，学生固然有抓手，能切入和深入文本，但是思维开放性稍显不足。我后来编写读书报告单，专门划出学生自我发现和自我疑惑的版块，进一步开掘经典文本的空间。

对于学生读书笔记显现的问题，我没有及时组织教学。上文孙亚婷同学说“如果没有她们（三个女巫和赫克忒）四个，也许，就不会发生这场悲剧”。我觉得这是一个很值得深入讨论的问题：相较于记叙文，初中学生读书笔记的写作也许问题更大，主要是逻辑混乱，无法做到基本的言之有据。但这是多种原因的结果，其中之一是中小学生缺乏基本的逻辑训练。给出观点，找出依据，分析原因，学会说理，清楚严密地表达自己，这不仅仅关乎写作，更是基本的个人素养。

《罗密欧与朱丽叶》：懦弱与偶然酿成的悲剧

有关莎翁悲喜剧主题第二次的整本书教学，我选择悲剧《罗密欧与朱丽叶》。罗密欧与朱丽叶的年龄设定和初中学生差不多，又以爱情为主线贯穿，我选择的同名电影主演又是年轻时俊俏得没天理的莱昂纳多·迪卡普里奥，学生有兴趣有共鸣。我还有一个私心，觉得很多人想当然地以为此书的主题是个爱情悲剧，是极大误读，想为之正名。《罗密欧与朱丽叶》的整本书读写教学，我编写这样一份读书报告单。

《罗密欧与朱丽叶》读书报告单

1. 罗密欧开始喜欢的是谁？他为什么喜欢朱丽叶？你觉得这样的爱可以持久吗？

2. 劳伦斯神父看好罗密欧与朱丽叶的爱情和婚姻吗？他为什么答应给罗密欧与朱丽叶证婚？你认同劳伦斯同意罗密欧与朱丽叶结婚的意图吗？为什么？

3. 提伯尔特与茂丘西奥的死亡悲剧是哪些人造成的？为什么？

4. 知道提伯尔特的死亡，朱丽叶对罗密欧的感情发生了哪些变化？为什么会有这样的变化？莎士比亚这样写的好处是什么？

5. 奶妈、凯普莱特和凯普莱特夫人让朱叶丽嫁给帕里斯王子的理由各是什么？对于朱丽叶的拒绝，他们各自的态度有什么不同？

6. 相比凯普莱特夫妇，你觉得蒙太古夫妇是更好的父母吗？

7. 如果你是罗密欧或者朱丽叶，觉得还可以选择什么其他方式来维护自己的爱情和婚姻，从而避免这场悲剧？

8. 你觉得是什么造成罗密欧与朱丽叶的悲剧？结合具体的情节，给出原因（比如提伯尔特、劳伦斯神父等人的原因）。

9. 请写下自己观影和读书过程中不懂的问题。

这份读书报告单，注意尊重学生个人的阅读体验，很多问题都以“你觉得”作为问题开头，是希望学生说出自己的想法。结合读书报告单，我们在课上对《罗密欧与朱丽叶》里的每个人物都进行深入交流。有学生发现，在书中，莎翁写罗密欧与提伯尔特决斗的那一幕，很大篇幅写到茂秋西奥，却没怎么提到班伏里奥，他到后来甚至没有出现。这是一个结构上的败笔还是在暗示什么？结合电影，学生发现莎翁的伟大：不写班伏里奥，是暗示他的懦弱，出了事，溜之大吉。除他之外，无论是作为主角的罗密欧与朱丽叶，还是朱丽叶的妈妈、神父、奶妈……他们都因为懦弱，促成悲剧发生。

相较以前，读书报告单的最后部分，是鼓励学生在读书和观影过程中提出自己的问题，这是一个明显变化。

事实上，学生的确是提出了很好的问题：

1. 为什么莎士比亚不介绍两个家族之间的仇恨原因是什么？

2. 和朱丽叶的父母相比，为什么莎士比亚不写罗密欧的父母？

3. 亲王说忽视了两家的争执，为什么两个家族长时间大规模的相互仇杀，他居然会忽视呢？

4. 电影里的时代背景为什么换到了现代？老出现教堂和圣母玛利亚的特写镜头，这有什么用意呢？

这些问题由学生提出，也由他们讨论解决。学生认为不介绍两个家族之间仇恨的原因是莎士比亚可能暗示纷争原因不值一提，就是一个小误会。不写罗密欧的父母，是暗示他们根本不关心罗密欧，不知道孩子到底发生了什么，所以罗密欧有问题宁愿找劳伦斯神父，作为父母，他们没有尽到责任。亲王不是无意忽视，而是故意放任，两个大家族斗争越激烈，他的统治就越稳固。电影把时代背景换到现在，导演是在告诉观众，时代在变，但人性没变，类似悲剧还在发生。

至于为什么出现教堂和圣母玛利亚的特写，缺乏基督教背景的师生，实在没有得出具有说服力的解释。

对于所读的书籍，学生有自己的困惑和问题，而不仅仅局限于老师的设计和目标，这是更高层次的阅读和思考。

《罗密欧与朱丽叶》读书笔记的写作，我做了小小调整：学生可以评论书籍本身，注意归纳推理；也可以以书中描述的爱情为触发点，写写自己爸妈之间的爱。

懦弱和命运之下的悲剧

看完《罗密欧与朱丽叶》这部爱情悲剧，我不得不赞叹莎士比亚的伟大，剧中的每一个人物都很矛盾和分裂，他们都不完美，跟这场悲剧都脱不了干系。

就拿朱丽叶来说吧，她出身高贵，颜值太高，更是有像帕里斯王子一样的贵族来追求，可是她却极为狂热地爱上了一个不能爱的人——与自己家族有世仇的罗密欧。可惜命运造化弄人，如此相爱的两人，最后双双殉情。

朱丽叶看上去非常温柔，为什么会采取这么极端的方式来表明自己的态度，表达自己对爱情的决心呢？她都有勇气去死，为什么就不敢去跟自己的父亲好好谈谈，表明自己和罗密欧的关系呢？哪怕父母不同意，两人还可以私奔。还是因为她的懦弱，她惧怕她的父亲，她怕她的父亲会因为罗密欧的事情而大发雷霆，所以她选择了死。朱丽叶有死亡的勇气，却不敢反抗自己的家族。

而朱丽叶的父亲对有权力的人恭恭敬敬，畏惧他们，受了气也只能忍着。但是回到家，他就把在外面受到的气加倍奉还到自己妻子和女儿朱丽叶身上。就是因为他在家中的专制，才让朱丽叶如此惧怕他，什么事都不敢跟他讲。他还为了自己的利益，将亲生女儿当成工具，强迫朱丽叶嫁给自己不喜欢的帕里斯王子。正因为在外懦弱，在家专制的父亲，朱丽叶才会以“假死”来逃避这场婚约。

而罗密欧呢，有勇气杀人逃亡，却没有勇气带着朱丽叶离开；善良的神父可以出主意让朱丽叶假死，却不敢公开支持这对恋人……

如果说，人的懦弱是这场悲剧的重要原因，那不可改变的命运也促成这场悲剧。

朱丽叶其实尝试过向她的父亲发起反抗，但结局却是一败涂地。为了她的罗密欧，她拼死一搏，在婚礼前一天，她喝下了神父给她的毒药。

电影改编了情节，在最后，罗密欧赶了回来，未收到神父的信的他，以为朱丽叶死了，于是喝下了毒药。朱丽叶马上苏醒，看见罗密欧死在自己身旁，拿起匕首捅向了自己……

如果罗密欧来得再晚一些，如果神父的信送到了罗密欧手上，如果朱丽叶早一点喝下毒药……如果命运没有捉弄人，那么，这场悲剧是不是就不会发生？

爸妈之间的爱

也许是天天相处，太过熟悉，我们从来都没有注意到亲人之间特殊的爱。最近，我发现了爸爸妈妈是如此相爱，而方式却极为特殊。

一天晚饭后，爸爸倒了杯水，开始浏览手机。还没洗碗的妈妈气冲冲地说：“你能不能放下手机，看我忙得，桌子没擦，碗还没洗，你倒悠闲啊！”

“好好好，我就看一小会儿，一天上班我都没碰过手机呢。”

“看看看，当心脖子坏掉，头也抬不起来，那就搞笑了。”

爸爸翻了个白眼，把桌子擦了，地也扫了，又坐下玩手机：“这下没话说了吧，你只要洗碗就好了。”

“哎呀，你别看手机了，看得头都要掉了，怎么就不听呢，女儿写作业呢，别打扰她。”妈妈开始拿我当理由了。

爸爸只好放下手机，到处晃悠，却不知道干什么好。妈妈洗好了碗：

“呼，累死我了。我都好几天没去逛街了，哎！”

“你不是累了吗？还要去逛街？”

“你知道什么，就是因为没去逛街才累的。”妈妈无奈地摇摇头。

“我们带上狗狗一起去吧，反正我明天放假。”爸爸边准备边说。

“好好好，走吧！”

第二天早上，爸爸早早地起来把衣服甩进了洗衣机，做饭嘛，他就煎了三个鸡蛋，因为其他的也不会。妈妈按往常时间起来上班，看见了爸爸：“你今天不是放假吗？怎么起那么早？”

“就是因为我放假，你还要上班，怕你心里不平衡嘛。”

“呵，我是那样的人吗？”

爸妈之间的爱，亲人之间的爱。我们时常发现不了，但仔细体味，你会发现其中是多么奇妙。

我编写《罗密欧与朱丽叶》的读书报告单，专门给学生留下提问栏目，学生提问的水准之高，洞察之敏锐，完全超出我的想象。所以，无论单篇文章教学，还是整本书读写教学，尊重学生阅读体验，关注个人困惑，以此生成教学问题，需持续实践。

我以书中涉及的爱情为触发，让学生写写爸妈之间的爱，是觉得任何宏大的思考最终还是要回归自己的日常生活，让学生发现日常平凡生活里的爱，引发他们去思考和体味，我觉得意义更为重大。

不足的是，这本书的读写教学，因为时间关系，没有在写作，特别是评论性的读书笔记方面进行深入指导，学生也没有仔细修改，所以学生的评论文章很多只是复述戏剧情节，读书笔记质量普遍不高，这也是老问题。

《威尼斯商人》：种族迫害与高利贷

我以前教初三毕业班，特别是在下学期，虽然电影课照旧，但没做过整本书读写教学，老师毕竟得面对应试压力，我还是在乎排名的，尤其不想挂在最后。

苏教版初三下册语文课本节选了莎士比亚的喜剧《威尼斯商人》的“庭审”部分，虽然足够精彩，但篇幅过短，不足以完全呈现人性的完整与复杂，让我觉得总有遗憾，意犹未尽。2018 年 4 月中旬，距离中考还有两个月，我计划拿出七节课，也就是一个星期的语文课来完成《威尼斯商人》的整本书读写教学。阅读和思考经典可以提升学生能力，但是到初三下学期，时间有限，身边的老师都在应试备考，我心里多少有些恐慌。这种恐慌是对全新尝试的害怕：我从没在临近中考做过这件事，怕学生分数考不好，自己的脸挂不住。更是害怕离开惯性行进的舒适区进行全新尝试的不确定。

但我相信自己在做正确的事情，成绩不会受太大影响，就算有波动，也是学生背诵默写不熟练，这些内容放到应试备考最后的冲刺阶段进行强化，也没大问题，先前还是要提升学习能力。真正开始做了，恐慌也就被平复了。

《威尼斯商人》读书报告单

1. 巴萨尼奥为什么会陷入财务危机？

2. 安东尼奥为什么向夏洛克借钱并答应夏洛克的苛刻条件？

3. 安东尼奥和夏洛克为什么互相仇视？你觉得双方各有什么责任？

4. 葛莱西安诺、罗兰佐和朗斯洛特为什么仇视夏洛克？哪些原因是夏洛克的过失导致的，哪些又不是夏洛克的责任？

5. 鲍西亚和杰西卡追求爱情有什么相同和不同？

6. 鲍西亚为什么嫁给巴萨尼奥？为什么她要当着安东尼奥的面向巴萨尼奥讨要指环？

7. 鲍西亚和威尼斯的法庭对夏洛克的审判符合正义吗？为什么？

8. 你最不喜欢剧中的哪个人物？为什么？你最喜欢剧中的哪个人物？为什么？请结合具体情节，阐释理由。

9. 你赞同高利贷吗？为什么？高利贷的存在有作用吗？为什么高利贷就不能低利息？对高利贷的打击，会带来什么后果？

10. 你还有哪些不明白的地方，请写下来。

11. 为什么威尼斯城邦会出现独立审判的法庭，而同时期的大明朝却没有出现？

夏洛克为什么仇恨安东尼奥，如此在乎金钱？是因为安东尼奥当众羞辱夏洛克做高利贷生意、辱骂他是狗，把夏洛克的犹太人和犹太教徒身份看作异端，激起夏洛克的仇恨。换句话说，被视为对犹太人理所应当合法合情的歧视与迫害扭曲了夏洛克。犹太人地位低下和被迫害的现实，使得夏洛克缺乏安全感，只能以金钱平复恐惧和显示尊严。探讨和评价夏洛克仅仅止步于“残忍的道德审判”无视了文本丰富性和人物复杂性。

我继续引导学生探讨“你是否赞同高利贷，为什么”“哪些人去借高利贷，贷款方为什么要高利率”，从而揭示“高利贷只是一种双方自愿的商品交易，它的高风险使得它只能高利率”“越干预打击，高利贷利率越高”“充分的竞争之下，利率自会回到合理的水准，无须干预”。我把鲍西亚和杰西卡对待爱情的不同态度作为探讨话题，是希望学生看到鲍西亚被男权压迫而不自知，和她的才能机智构成巨大分裂。

我引导学生探讨法庭审判合理与否，为什么书里 16 世纪的威尼斯城邦确立了法庭庭审制度和律师制度，而同时代的大明朝却没有。这是希望学生明白“权力不可剥夺公民私产”“不能以没有发生的事情作为事实证据来裁定夏洛克有罪”“商业社会必须打破熟人圈子，需要契约和仲裁机构。内向收缩的农耕经济不具备产生这种制度的需求”。

读书报告单的问题设计，课上随机的话题生成，粗浅涉及文学，比如学生讨论夏洛克和鲍西亚等人的分裂与矛盾，从而认识人性复杂；对高利贷和产权的探讨，则涉及经济学常识；审判是否公正、律师和法庭公审为何被威尼斯城邦接受，又关乎法学、历史和社会学……我有意进行跨学科整合，打破学科限制，希望学生掌握多种思维工具，了解常识。

《威尼斯商人》读书笔记的写作，我着力注意学生读书笔记的修改，希望在读书笔记写作这个老大难问题上，他们可以真正有所进步。下面是三篇语文能力一般的学生的习作。

除了帅，啥也没有的巴萨尼奥

顾宇轩

再来看看第二幕，巴萨尼奥帮罗兰佐和夏洛克家女儿私奔，夏洛克不恨他才怪。他的工作是请夏洛克吃饭吸引主要火力，罗兰佐伺机切入，与杰西卡私奔，临走前带走了一大堆珠宝钱财，心疼夏洛克两秒，这是典型的“赔了夫人又折兵”。

第三幕，巴萨尼奥终于干了一件正事儿，他带着安东尼奥借来的钱向自己心爱的姑娘求婚。成是成了，但自己的好朋友安东尼奥却有了性命之忧，之后便是全剧的高潮。在此之前，巴萨尼奥表面上重情重义，背地却利用好友的情感。仔细一想，我发现好像只要谁给他钱，他就跟谁好：安东尼奥借他钱，于是他与安东尼奥交好，鲍西娅给他钱，他便对她言听计从。

第四幕，在法庭上，他软弱无能，只会拿着钱向夏洛克求饶，完全起不到一点作用，最后还是靠老婆才救回了好友的命。我的妈呀，兄弟白长这么帅了……还真是应了那句“绣花枕头一包草”。结局最终皆大欢喜，所谓的坏人——夏洛克受到了惩罚，而他的女儿女婿在他死后会得到他的财产。

可是，这样的安排真合理吗？巴萨尼奥明明什么都没有做，却得到了他所想的——钱财，妻子，朋友……结局，我不喜欢。

幸运的鲍西亚与可怜的夏洛克

《威尼斯商人》里的每个人物都像现实中那样分裂，对于自己喜欢与不喜欢的人，他们的表现大不相同。

这部剧中鲍西亚对于自己的爱与不爱，表现得极为明显。她爱巴萨尼奥，将一个人的容貌，作为她的择偶标准。她本身有才有钱，只不过是看上了巴萨尼奥的相貌，只因这一点，她就对巴萨尼奥格外好，甚至对他身边的人也同样这么好。为了巴萨尼奥，鲍西亚竭尽所能去帮助他的朋友，义无反顾。在这之前，她可是听从父亲的遗愿——谁选择铅匣子，她就嫁给谁，哪怕是皮肤如黑炭一样的摩洛哥王子。但上帝眷恋她，她最终嫁给了巴萨尼奥。

因为爱巴萨尼奥，安东尼奥遇到困难，她竭尽所能去帮助自己的“情敌”。她在爱的人面前温柔体贴，却在仇人面前阴狠毒辣，与夏洛克玩文字游戏，逼得夏洛克无路可退。夏洛克不仅没得到应有的本金，还要将一半钱赔给自己的仇人，另一半充公。鲍西亚将一个视钱如命的人逼成这样，真是个集才貌于一身，敢爱也敢恨的女子。

我最同情的是夏洛克，莎士比亚表面上好像是讽刺像夏洛克的自以为是、刻薄恶毒、唯利是图，赞扬安东尼奥与巴萨尼奥的友情，我感受到的却是巨大的不平等。

夏洛克是犹太人，犹太人被无理由长期剥夺权利，他们内心的恐惧与懦弱总是需要强大厉害的外表来掩饰。夏洛克靠高利贷赚钱，得到有钱人的外表，平复内心的恐惧。剧中多次描写了安东尼奥对夏洛克的侮辱：在交易所上公然谩骂他，在夏洛克的长袍上吐唾沫……最起码的尊重都没有。

世界上，人与人之间的人格平等，并没有人愿意受到这样的待遇。夏洛克虽然可恨，但他也应该被人尊重。即便安东尼奥多次谩骂他，他依旧借钱给了安东尼奥。当然如果安东尼奥还不了钱就割一磅肉的要求不合理，但始终是犯罪未遂。依据一个人还没有实现的想法，就判断这个人有罪，要将所有钱都赔掉，这并不公平。结局，对于很多人都是完美收场，但对夏洛克却是人生悲剧。

夏洛克爱财，他可以从钱里得到安全感，他失去亲情，缺乏别人的尊重，他喜欢用钱来弥补内心的空荡。虽然他想用别人的生命进行报复，也不可取，但这并没有真正实现，并不构成事实的犯罪。法庭审判的结果太不公平，让人可惧。

种族歧视下的悲剧

李嘉豪

书中各个人物都有鲜明的个性，如安东尼奥对朋友的那份真诚，无人能比。鲍西亚有颜有才，抓住夏洛克的漏洞，帮助安东尼奥脱身。可是种族歧视让我反感至极。

十六世纪威尼斯是个国际商业城邦，人流量大，以法律为基础进行商业贸易。犹太人放高利贷来赚取利息，维持生活。但安东尼奥放利不取息，让身为犹太人的夏洛克没法做生意，没法生活。

安东尼奥是个完美的交友对象，好友巴萨尼奥陷入财政危机，安东尼奥对他如旧，他对巴萨尼奥说："我就用我的信用作担保，或者用我自己的名义给你借下来。"愿意以自己的信用作担保，只是为了一个欠自己的债还没还的朋友，安东尼奥实在重视这份情谊。

可在威尼斯市场，夏洛克亲口说出犹太人的悲惨处境：犹太人没有任何权利，没有财产权，没有居住自由，甚至在电影开头，我看得出来他们当时都没有生命权。安东尼奥却从骨子里仇视厌恶这个民族，这让夏洛克更加仇视他。

在威尼斯法庭上，夏洛克一直坚持按照条约，要割安东尼奥身上的肉。鲍西亚找到漏洞，让夏洛克没有得逞，但她却倒打一耙，让法庭把夏洛克一半的财产判给安东尼奥，另一半充公。犹太人身份卑微，卑微到本为最高准则的法律都不能为其提供保障，这样的种族歧视有点大啊。

《威尼斯商人》的情节，如海浪一样，让人看得激动不已。但自己的种族，自己能选择吗？没有任何的社会地位，只能用金钱来保护自己，但因为种族歧视，这一点都被剥夺了。

《威尼斯商人》的读书笔记写作，我加强指导，让学生进行反复修改，整体水准大有进步，上面的三篇读书笔记的作者是语文成绩很普通的学生。说理逻辑的养成需要长期训练，次数有限的习作练习，作用有限。因为各种原因，很多学生还是无法进行有理有据的评论写作，我只能找机会，组织专门的逻辑常识学习，改进他们说理不讲依据、逻辑混乱、结论草率的问题。

《威尼斯商人》的问题涉及商业社会和农业社会的不同制度比较，我没有带着学生深入，应该推荐一些相关书籍，比如费孝通的《乡土中国》《江村经济》，让有兴趣有需要的学生课下学习。

最大最大的遗憾，还是莎翁戏剧没有完成排演，无论如何，这应该是一个必须完成的教学内容，我相信这个遗憾不会持续太久。

部编版教材的整本书读写教学展望

2018 年 9 月，江苏省开始使用统一的部编版语文教材，替代原先使用的苏教版教材。每册部编版初中语文教材都有两本必读书籍、四本选读书籍的阅读要求。先不言其他，仅仅要求的书籍数量，对于普通老师的教学时间就是极大挑战。语文课时间有限，哪怕不教学教材单篇课文，老师把整本书放到课上阅读，就《水浒传》《西游记》《创业史》这些书籍的篇幅，一个学期又能看几本，又如何进行深入探讨和交流？初中生课余时间有限，加上家作和补习，他们能否把书读完都是个大问题。

再好的书籍一旦纳入考试篇目，测评的方向也是大问题，单纯考察情节，就是变相默写；考察理解，老师需要时间和学生讨论交流。以我的经验，每学期两本、共二十万字的整本书精读，不算读书笔记的写作和评讲，起码需要两周时间。但毕竟还要学习教材，练习作文，背诵默写，学生负担更重了。阅读是好事，但怎么解决现实问题让阅读得以真正发生是另外一回事。

现状如此，普通老师只能想办法解决，我抛开个人阅读偏好，已经开始编写《城南旧事》《朝花夕拾》《简·爱》《格列佛游记》和《海底两万里》的读书报告单。

我和“阅伴 APP”创始人张宁老师取得联系，引入师生免费使用的“阅伴 APP”，以“阅伴 APP”的整本书阅读答题，冲关挣积分的游戏化形式，引导学生课余读书。以技术为辅助，学生可及时反馈自己的读书效果，我也可从生成的数据中，知道每个学生的阅读进度和阅读效果。

《海底两万里》是部编版教材规定的必读书籍，这种科幻题材的小说，我最近一两年才刚刚涉及。科幻主题的阅读，特别是硬科幻阅读，对于语文老师的知识结构是个巨大挑战。

当下在中小学校园中，推进学生阅读的责任，主要由文科老师甚至只是语文老师独立承担。受制于狭隘的学科背景和思维方式，很多推荐书籍几乎都是文学经典；而不少理科老师又缺乏对学科著作的起码关注与兴趣，似乎更愿意把自己定义为学科教材所要求的基本知识传递者，觉得那些超出教材要求的科学史与学科理论无须关注。即使部分理科老师有推广阅读的兴趣与能力，但又因为种种现实原因，缺乏阅读推广行动。文科老师和理科老师对科普阅读关注的缺失，加上其他现实因素，使得科普阅读现状尴尬。

其实，不仅关乎科普阅读，任何学科的老师都有责任和义务推进学生阅读，帮助他们建立相对完整的知识结构。但提到学生阅读，大家似乎觉得这是文科老师甚至就是语文老师该做的事情，和其他学科教师无关。但学科背景和天赋精力等诸多因素制约，使得一个人无论如何努力，也不可能对所有的学科领域都有相对全面的了解和认知。

要改变现状，首先要达成共识：推进阅读，是语文老师也是其他学科老师的责任与义务，要形成合力，推进知识结构相对完整的阅读。语文老师没有能力也不可能独立承担阅读教学的全部责任。还有一点也特别重要：老师的观念一定要开放，要借助社会组织和技术手段的力量，应对全新挑战下的整本书读写教学。

第五章

游戏化的读写教学实践

萨尔曼·可汗在《翻转课堂的可汗学院：互联时代的教育革命》[①] 中提到，今天主流的教育制度：统一入学、统一教材、统一上课时间、以学科为单位划分学习内容、标准化的教学内容和考试评估……源于18世纪的普鲁士，模拟大工业生产体系。它经济实惠、节省成本，可以最大批量培养出现实生产所需劳动力，特别注重权威，希望受教育者忠诚顺从，不鼓励独立思考。这种教育制度有助于教育普及和推广，整体提升国民受教育程度，但已无法满足现在学生个性化和差异化的学习需求，和时代严重脱节。

无论是否乐意，我们这些做老师的都不得不承认，当下的学生是网络“原住民”，网络就是他们生活的一部分，相较学校学习，游戏特别是视频游戏对他们的吸引力要大得多。和很多成年人一样，我曾经也以为游戏是学习天敌，水火不容。沉迷游戏是学生不爱学习，缺乏韧性，玩物丧志的症状，这是病，得下猛药，好好治疗。

事实上，无论游戏的通关有多大挑战，学生总能自发总结游戏经验，不惧失败，愿意再来一次。讽刺的是，这不是学习最需要的品质吗？教师排斥游戏并不困难，难的是教师打破惯性认知，愿意了解游戏，探究游戏产生如此之大魅力的原因，寻找游戏为教学提供新方法的可能性。

游戏化教学尝试引入游戏元素：趣味性、团队性、竞争性、互动性，及时的反馈，失败之后的安全感，个性化的测量标准……是希望在技术和观念的推动下，教育教学有更多可能性发生。这些也符合时代去中心化、个性化学习的特征。

游戏是一种很有意思的媒介，吸取历史、音乐、绘画、建筑、技术等等方面的成就，从而让玩家有更好的体验。既然如此，那我为什么不能借鉴吸取游戏元素，让我的读写教学实践有更多可能性，使学生有更好的学习体验呢？正因如此，我把桌游引入教学，开始游戏化教学实践。

---

① 萨尔曼·可汗．翻转课堂的可汗学院：互联时代的教育革命［M］．刘婧，译．杭州：浙江人民出版社，2014.

桌游《三国杀》里的縻竺和夏侯惇

——两个姻亲的相似与不同

作为一款经典桌游的《三国杀》，很多初中生在小学就会玩了。但包括我在内的很多人，都没有想过《三国杀》游戏卡牌的武将技能和《三国志》《三国演义》的关系。我有个热爱《三国志》和《三国杀》的朋友，向我解释卡牌的武将技能设置有着严格的史料依据，建议进行《三国志》和《三国杀》结合的阅读教学实践。我觉得这是一个很好的主意，决定试试。

我选择刘备集团的縻竺和曹魏阵营的夏侯惇作为教学讨论的具体人物，印发《蜀书·縻竺传》和《魏书·夏侯惇传》。[1] 这两人同为集团首领的姻亲，遭遇又大为不同，分析这两个人，可窥见帝王之术的权谋和控制。

縻竺字子仲，东海朐人也。祖世货殖，僮客万人，赀产巨亿。后徐州牧陶谦辟为别驾从事。谦卒，竺奉谦遗命，迎先主于小沛。建安元年，吕布乘先主之出拒袁术，袭下邳，虏先主妻子。先主转军广陵海西，竺于是进妹于先主为夫人，奴客二千，金银货币以助军资，于时困匮，赖此复振。后曹公表竺领嬴郡太守，竺弟芳为彭城相，皆去官，随先主周旋。先主将适荆州，遣竺先与刘表相闻，以竺为左将军从事中郎。益州既平，拜为安汉将军，班在军师将军之右。竺雍容敦雅，而干翮非所长。是以待之以上宾之礼，未尝

① 陈寿．三国志［M］．裴松之，注．北京：中华书局，2011.

有所统御。然赏赐优宠，无与为比。

芳为南郡太守，与关羽共事，而私好携贰，叛迎孙权，羽因覆败。竺面缚请罪，先主慰谕以兄弟罪不相及，崇待如初。竺惭恚发病，岁馀卒。子威，官至虎贲中郎将。威子照，虎骑监。自竺至照，皆便弓马，善射御云。

（《三国志·蜀书·糜竺传》）

夏侯惇字元让，沛国谯人，夏侯婴之后也。年十四，就师学，人有辱其师者，惇杀之，由是以烈气闻。太祖初起，惇常为裨将，从征伐。太祖行奋武将军，以惇为司马，别屯白马，迁折冲校尉，领东郡太守。太祖征陶谦，留惇守濮阳。张邈叛迎吕布，太祖家在鄄城，惇轻军往赴，適与布会，交战。布退还，遂入濮阳，袭得惇军辎重。遣将伪降，共执持惇，责以宝货，惇军中震恐。惇将韩浩乃勒兵屯惇营门，召军吏诸将，皆案甲当部不得动，诸营乃定。遂诣惇所，叱持质者曰："汝等凶逆，乃敢执劫大将军，复欲望生邪。且吾受命讨贼，宁能以一将军之故，而纵汝乎?"因涕泣谓惇曰："当奈国法何!"促召兵击持质者。持质者惶遽叩头，言"我但欲乞资用去耳"。浩数责，皆斩之。惇既免，太祖闻之，谓浩曰："卿此可为万世法。"乃著令，自今已后有持质者，皆当并击，勿顾质。由是劫质者遂绝。

太祖自徐州还，惇从征吕布，为流矢所中，伤左目。复领陈留、济阴太守，加建武将军，封高安乡侯。时大旱，蝗虫起，惇乃断太寿水作陂，身自负土，率将士劝种稻，民赖其利。转领河南尹。太祖平河北，为大将军后拒。邺破，迁伏波将军，领尹如故，使得以便宜从事，不拘科制。建安十二年，录惇前后功，增封邑千八百户，并前二千五百户。二十一年，从征孙权还，使惇都督二十六军，留居巢。赐伎乐名倡，令曰："魏绛以和戎之功，犹受金石之乐，况将军乎!"二十四年，太祖军于摩陂，召惇常与同载，特见亲重，出入卧内，诸将莫得比也。拜前将军，督诸军还寿春，徙屯召陵。文帝即王位，拜惇大将军，数月薨。

惇虽在军旅，亲迎师受业。性清俭，有馀财辄以分施，不足资之於官，不治产业。谥曰忠侯。子充嗣。帝追思惇功，欲使子孙毕侯，分惇邑千户，赐惇七子二孙爵皆关内侯。惇弟廉及子楙素自封列侯。初，太祖以女妻楙，即清河公主也。楙历位侍中尚书、安西镇东将军，假节。充薨，子廙嗣。廙薨，子劭嗣。

（《三国志·魏书·夏侯惇传》）

结合麋竺的卡牌的武将技能，我设计以下问题：

1. 找出麋竺的卡牌技能（资援和巨贾）的史书依据。

2. 除了君臣关系，麋竺和刘备还是什么关系？

3. 刘备怎么对麋竺的？为什么？麋竺有无才能？什么原因导致麋竺的死亡？

从《三国志·蜀书·麋竺传》，学生很容易发现了资援和巨贾的史料依据："先主转军广陵海西，竺于是进妹于先主为夫人，奴客二千，金银货币以助军资，于时困匮，赖此复振""祖世货殖，僮客万人，赀产巨亿"。

麋竺给予刘备的不仅是财富支持，还把自己的妹妹嫁给他，是刘备的舅子。为了刘备，麋竺、麋芳兄弟两人都放弃官位，跟着刘备流浪辗转，可谓忠心耿耿，课上有学生开玩笑"给钱，给妹子，给自己"。

"竺雍容敦雅，而干翮非所长。是以待之以上宾之礼，未尝有所统御。然赏赐优宠，无与为比"，学生看到益州平定之后的麋竺并没有得到实际的重用，刘备只是表面很客气，陈寿给出的理由是"竺雍容敦雅，而干翮非所长"，有学生评价这不就是暗示"麋竺绣花枕头，中看不中用"吗？

我提醒学生再次细读文本，随后小组交流讨论"麋竺到底有没有才能"。

"后徐州牧陶谦辟为别驾从事。谦卒，竺奉谦遗命，迎先主于小沛""先主将适荆州，遣竺先与刘表相闻，以竺为左将军从事中郎"，以此为据，学生发现麋竺领受陶谦遗命，为刘备出使荆州，联络刘表，绝非平庸之辈，只是刘备坐稳江山，麋竺在他眼中没什么作用。

我又投影了《三国志·蜀书·关羽传》中有关麋芳的记录："又南郡太守麋芳在江陵，将军傅士仁屯公安，素皆嫌羽轻自己。羽之出军，芳、仁供给军资，不悉相救，羽言‘还当治之’，芳、仁咸怀惧不安。”有学生说糜竺糜芳兄弟确实没什么地位，身为皇亲国戚，关羽没把他们当回事，说话做事态度极为傲慢，打完仗还要回来修理糜芳。要是刘备真正优待他们，关羽多少要给面子。

讨论糜竺之死，史书记载是糜芳叛变，糜竺害怕，所以主动认罪，最终惭愧发病而死。但学生以为糜竺是被吓死的，刘备不杀糜竺，是因为糜竺没有实权，构不成威胁，还可以向他人显示自己的宽容大度，这完全是猫戏老鼠的游戏，糜竺实在是投资失败。

标准版《三国杀》的夏侯惇的武将技能被设定为刚烈和清俭。讨论夏侯惇，我还是选择从他的卡牌技能切入。

刚烈：当你受到伤害后，你可以判定，若结果不为红桃，来源选择一项——弃置两张手牌，或者受到你造成的1点伤害。

清俭：当你于摸牌阶段外获得牌后，你可以将其中的至少一张牌交给其他角色。

懂行的学生分析说夏侯惇的武将技能是被动型和辅助型，是以自己受伤为代价进行攻击。

依据史书，学生找到夏侯惇的卡牌技能来源：“人有辱其师者，惇杀之，由是以烈气闻”“遣将伪降，共执持惇”“太祖自徐州还，惇从征吕布，为流矢所中，伤左目”“性清俭，有馀财辄以分施，不足资之於官，不治产业”。读过《三国演义》的学生指出小说情节改编为夏侯惇拔箭，吞下自己的眼珠。

“遂诣惇所，叱持质者曰：‘汝等凶逆，乃敢执劫大将军，复欲望生邪。且吾受命讨贼，宁能以一将军之故，而纵汝乎？’因涕泣谓惇曰：‘当奈国法何！’促召兵击持质者……谓浩曰：‘卿此可为万世法’”，有学生以为夏侯惇的刚烈技能设置得真是好，这个人不但肉体受伤害，被挟持成为人质，部下韩浩居然不顾及他的安危，曹操还赞同此种做法，夏侯惇的心理阴影面积太大。

探讨完夏侯惇的武将技能，我留下一个问题让学生以小组为单位交流：

夏侯惇和糜竺在魏蜀二国的境遇有什么相同和不同？境遇不同的原因又是什么？

学生们认为，夏侯惇和糜竺都是皇亲国戚，糜竺是刘备的舅子，夏侯惇是曹操的亲家公。夏侯惇和糜竺一样，在自家主公不得势时，就鞍前马后，奔走效劳。夏侯惇善终，是因为他屡次建功，保护过曹操的家人，又“性清俭，有馀财辄以分施，不足资之於官”“惇乃断太寿水作陂，身自负土，率将士劝种稻，民赖其利”甚至解决了粮食短缺问题。曹操很信任夏侯惇，“召惇常与同载，特见亲重，出入卧内”，和夏侯惇结亲家，“惇七子二孙爵皆关内侯”，一家人都被曹魏信任，和糜竺的待遇完全不同。

讨论到此，我问学生：曹操真是信任夏侯惇吗？学生继续小组合作，得出的结果和先前大不相同。

依据“使惇都督二十六军，留居巢。赐伎乐名倡，令曰：“魏绛以和戎之功，犹受金石之乐，况将军乎”，有学生一针见血地指出，夏侯惇军务繁重，曹操赏赐美女，不合常理。这明显是试探夏侯惇，如果不肯接受，那么曹操肯定要起疑心：不肯享乐，又有这么大军权，这人是个威胁。史书没写夏侯惇拒绝，就表明他很聪明，知道曹操心思，选择接受，以换取曹操信任。

“惇弟廉及子楙素自封列侯”，有学生以此提出反驳，弟弟和儿子自封列侯，曹操也没出手啊，这不是信任是什么？有学生说这两个人都没什么出息，构不成威胁，不出手收拾他们，还可笼络夏侯惇。夏侯惇可以善终，不仅是因为他的功劳品行，也是因为面对曹操的试探，他表现得很忠诚，让曹操打消了顾虑。

我最后总结：其实曹刘二人对夏侯惇和糜竺的手段本质一样，都是帝王之术的笼络控制，只是曹操待夏侯惇相对柔和，当然这也因为夏侯惇价值更大，懂得帝王心思，通过了权力考验。

讨论完同为主公姻亲的糜竺和夏侯惇的不同遭遇，我又选出一些字词，让学生进行基本的解释练习，看看他们的理解程度。至于最后环节，是学生盼望已久的《三国杀》游戏对战，时间有限，他们就玩了一节课，课堂上学生欢声笑语，全情投入，有些平时不好好念书的学生，教起同学游戏，倒是又专业又耐心。

文言文是初中语文教学的重难点，传统教学是先解释字词，翻译句子，再分析文本。这种教法考虑文言文的特殊性，有其可取处。不过，它最大弊端是切割字词和文本，使两者分离。阅读教学的常识就是词不离句，句不离篇，字词和文章的理解应是同步进行。学生能理解文章内容，大体就可理解文言字词。这次教学，学生都是先理解讨论文章内容，然后才是字词解释，但他们大都掌握得不错，所以文言文教学也必须尊重基本常识，不能人为肢解。

以《三国杀》卡牌的武将技能切入教学，学生极有兴趣，展现出平日学习文言文不可多见的自发性。教师体察时代特征，关注学习体验，学生愿意挑战看似高难度的学习任务，其努力和结果往往远超教师想象。

但这次的游戏化教学,《三国杀》卡牌更像一个教学用具，教学内容和游戏内容没有很好融合。如果时间充裕，以小组为单位，学生可选择人物传记，自由阅读，自行设定武将技能，给出理由。这样的教学实践，更符合游戏化教学本质，学习体验会更好，产生更多趣味性和创造性，也有更大挑战性。

《小狗钱钱》和桌游《马尼拉》
——会下金蛋的鹅

作为一个经济学爱好者，我觉得经济学的思维方式对于基础教育阶段的学生极为重要，适合初中生阅读的经济学常识启蒙书籍，个人以为有《小狗钱钱》《富爸爸穷爸爸》和《经济为什么会崩溃：鱼、美元和经济学的故事》。但仅仅阅读经济学启蒙书籍，学生不足以真正体验和理解经济学常识。我就到本地桌游吧寻求帮助，老板给我推荐经济学主题桌游《马尼拉》，建议我用这款桌游作为经济学书籍阅读教学的辅助教具，于是我最终选定《小狗钱钱》[①] 和桌游《马尼拉》作为教学材料。

我首先设计一份读书报告单，考虑到学生刚刚接触这个话题，题目设计很细致，侧重书籍内容的了解和掌握，但最后几道问题，我有意识增强学生的情景代入感，希望初次接触经济学常识读物的学生，联系生活实际，理解书中所讲原理。

《小狗钱钱》读书报告单

1. 钱钱对于好奇的看法和尝试的评价各是什么？

2. 钱钱认为学习是什么？

① 博多·舍费尔．小狗钱钱［M］．王钟欣，于茜，译．成都：四川少年儿童出版社，2014.

3. 吉娅挑选的三个最重要的愿望是什么？

4. 支出和收入有什么关系？

5. 钱钱教育吉娅怎样才能找到机会？

6. 钱钱认为挣钱的关键是什么？钱钱分析达瑞成功的原因是什么？达瑞教给吉娅什么方法去追求成功？

7. 吉娅的堂兄马赛尔教给吉娅挣钱的方法是什么？为什么要用这样的方法？

8. 钱钱告诉吉娅哪三件重要的事情？

9. 钱钱告诉吉娅解决债务危机的四个方法是什么？为什么要采用这四种方法？

10. 金先生教给钱钱的理财方法是什么？为什么用这种方式理财？它给了你怎样的启发？你还有别的类似的理财方式吗？

11. 吉娅和爸爸妈妈对于金钱与幸运的关系的看法有什么分歧？你更赞成谁呢？

12. 吉娅对莫妮卡干全部的活却只拿一半钱的看法前后有什么变化？你觉得挣钱除了劳动，更重要的是什么？

13. 陶穆太太对金钱的看法是什么？她教会吉娅怎样的理财方法？股票和基金理财的好处是什么呢？

14. 陶穆太太教给吉娅他们的是哪种理财方式？这种理财方式的注意事项是什么呢？这种理财方式的计算公式是什么呢？

15. 计算股票和基金的亏损有什么特别？在股票行情暴跌的时候，陶穆太太给出的建议是什么？金先生又有什么建议呢？

课上讨论，学生收获很大，感触最深的是此书所展现的全新知识和思维方式：学习是学习新想法和新观念的过程，需要不断打破自己的惯性思维，否则没有任何改变；一个人需要全力投入一件事，而不是抱着试试看的心态；一个人应该关注自己能做的、知道的、已经拥有的事情上，而不是感叹自己缺少什么，从而不去行动；金钱无所谓好坏，它是人们生活的基础，可以让人们有更多选择，缺少金钱，人们的生活往往不幸；人们的报酬不仅仅依据劳动时间和强度，想法和创造往往更有价值；为别人解决困难，是获取报酬的机会；要想改善自己的财务状况，必须养更多的“会下金蛋的鹅”，也就是人们不用劳动也可以带来收入的资产；金融市场，也就是股票和基金市场的回报非常丰厚，但波动很大，所以还是需要留一些钱存在银行作为保障，哪怕银行的存款会因为通货膨胀而贬值……

讨论时有拓展与延伸，有学生认为除了银行存款之外，房租、版税、公司的股份分红……都是“会下金蛋的鹅”。说到房子，我问学生，同样的价格，你会选择在乡镇买大房子，还是市区买小房子？这些城郊初中的孩子大都觉得市区房价太高，要在乡镇买大房子。有一个女生表示反对：乡下房子便宜，但升值空间也不大，因为没有学区，也不靠近商业中心。市区房子小，但服务设施多，属于好学区，房子升值快，空间也大，租金还贵。

说到贷款，有个学生结合书中的例子，说自己父亲十年前贷款三十万买房子，当时觉得是很大一笔钱，但现在父亲收入提高，还款压力变得很小，所以真要依据书中所说，把贷款年限拉长，还款数额降到最低。我补充一句，不仅是收入增加，通货膨胀会让纸币贬值，工作随之会换取更多纸币，但还款数目不会变。

讨论完《小狗钱钱》，学生用两节课，体验了一把桌游《马尼拉》，我参与游戏之中，加以揣摩，设计以下几个问题供学生思考：

1. 你会选择运输哪种货物？为什么？

2. 很多时候血本无归，为什么有的人愿意花大价钱购买领航员和海盗的角色担当？

3. 不少同学赚了钱就买股票，最后的回报比其他人在运输上的收益多得多，这说明了什么？

4. 你有无运送你不想运送的货物？为什么？

只要运货成功，就可推动货物对应的股票价格上涨，所以每个学生一定会依据手上股票选择运输的货物。这也表明经济活动都会有个人思考和选择，绝非本能；购买领航员和海盗角色，虽然常常血本无归，但只要成功一次，就收益巨大，所以风险和收益往往成正比；有的学生购买多只股票，收益巨大，最后结算，往往超过那些单纯靠运输货物赚取收益的同学的财富，这表明投资收益往往超过实业收益；学生不想运输其他玩家手上股票相对应的货物，这会提升其他玩家的财富总值，但为了自身收益，又不得不运输。所以市场经济有竞争，但有时为了自己的收益，常常会让竞争对手获利，自愿或被迫成为合作者。

最后我布置"用钱的烦恼"的话题作文，让学生思考自己的日常生活，体味自由支配与自我责任的关系。

用钱不苦恼

花钱对我来说不是件很苦恼的事，这是因为我爸妈对我的教育比较特别。

很早以前，爸妈便不再没收我的压岁钱，但没有教我如何花这笔钱，所以当时的我对钱没有什么概念。自从五年级的那个寒假开始，看着我清点这一年压岁钱的收益，我爸脸上堆满笑容，眼睛死死盯着我手里的钱，搓了搓手，把我拉在一旁坐下，干咳了一声："儿子啊，我看你挺有钱的哈，要不我……"

我一下子站起来，把钱往口袋里一塞，涨红了脸："不行，不给你们，这是我的压岁钱。而且你早就说过不没收我的压岁钱了，不能出尔反尔。"老爸站起来，大手拍在我的肩上，推了推眼镜，依旧满面笑容："你不要急，我不是想没收你的压岁钱，是看你收到的钱不少，但你又不会理财，成天把那些钱放在柜子里。到年底，柜子里的钱有减无增。这样多不划算。要不这样，你放在我这儿，我帮你理财。到年底，连本带利地还给你。你看着怎么样？"

我坐下，扶着脑袋，手指在桌子上打着拍子："可以是可以，但我怎么知道你会不会把钱还给我？而且你把我的钱都拿走了，我平时要花钱怎么办呢？还不是得问你们要。这要多麻烦啊。”

爸爸喝了口茶，摸了摸下巴，客厅瞬间变得安静下来，只有电视机里传出欢脱的台词声。旋即，爸爸微皱的眉毛慢慢舒展开，眼睛里透出精光：“这个简单，你把小部分钱放在你身边，大部分钱放在我这。放得越多，收益越高。但以后要买东西，你要自行解决一部分。至于还款的事，你自己拟一份合同，到时候我也就不可能赖账了。”我听着挺有道理，点了点头。

这样的教育方式与大多数家长的不同。爸爸收走我大部分用不着的钱，到年底还给我，并给我带来收益，另一部分钱由我自由支配，这笔钱在使用的时候就不能任性，要合理分配。若是花光了，碰上自己心动的东西，就只好忍痛割爱，要是向爸妈借钱，到了年底就要支付高额利息。这样的教育方式给了我花钱的自由，也给了我生财之道，唯一美中不足的就是没有让我亲自理财。

这样的教育不会把我变成消费狂魔，相反会使我更理智地用钱。但要是我能掌控另一部分钱，让钱生钱，那就更完美了。不过，花钱对我来说不苦恼。

用钱的烦恼

前不久，我要去商场买东西，问妈妈要钱。妈妈抽出一只手伸进包里乱摸，两眼斜视着我，好像怕我知道钱放哪似的。她翻出两张一百元甩给我：“买完快点回来，我要教你记账！”

我快去快回，拎着一大包东西，还没来得及放下，妈妈就抓着本子和笔奔向我，扔到桌上：“来来，你必须学会理财，我的方法绝对科学。”我气喘吁吁地看着她：“不高兴！”

妈妈双眉挑起，睁大眼睛，一只手扶住我的肩膀，一只手指着本子：“你还小，对金钱没概念，会记账了就不会乱花钱。”妈妈看起来无比兴奋，脸上堆满笑容，扑到本子上：“第一列，物品名称；第二列，价钱；以此类推。”

我含着苦涩的滋味，列出账单。二十分钟后，妈妈检查，她两只手臂乱挥，极度高兴。

我以为只有这一次，没料到接下来几个星期买了东西都要记账，可我觉得这样做一点都不好。站在妈妈的角度想，她急于教我理财但又想不出好方法，所以觉得她自己的方法是最好的。可是站在我的角度就不同了，这种方法很麻烦，费时费力，何况我觉得自己一点用钱的自由都没有：这些钱最后都是父母的，他们有权力随意借拿。

总之，我还是想对爸妈说：请不要随意干涉我自己的想法，我希望可以自己支配钱，也希望你们能另辟蹊径，想出更好的方法教我理财。

《用钱的烦恼》这篇文章被该学生的母亲读到，我当时也没在意。半年后，这位学生又以“用钱”为素材，写了一篇题为“遇见”的命题作文，文中的母亲和先前完全不同。

遇　见

小时候，我的压岁钱都是妈妈保管。妈妈管我特别严，每个新年拿到压岁钱，妈妈总会伸出右手朝着我，手指向上勾勾，笑意盈盈地说：“妈妈帮你保管，你的压岁钱都是爸妈花钱买礼物得来的，用你的钱来交你的学费，不亏吧?”

“不亏不亏!”我每次都这么回答。

妈妈一见我这么说，便快速抓起红包，塞进口袋，夸我是好孩子。

但是今年冬天，我遇见了一个不一样的妈妈。

今年还是和往常一样，走亲访友送礼物。而我也渐渐长大，并不希望妈妈来拿我的压岁钱。但是，果不其然，妈妈还是举起了她的手。

“不要!”我粗暴地拒绝道。

“啊？给我钱，我帮你交学费啊!”

“不要，我要自己支配钱!”

妈妈突然瞪大了她的眼睛，眉毛高挑，嘴巴张得老大，举起的手愣是停在空中几秒钟，好像不太相信一夜之间，她的乖宝宝要开始闹独立了。

空气凝固了一般。“先回家吧!”妈妈打破沉默。我心里清楚，又要不讲话了。于是在回家的路上，我们谁也不说话。我透过反光镜，看见妈妈平视前方，眼神深邃，仿佛在思考着什么。

到了家，我刚要进房间，妈妈拉住了我的手臂：“等一下。”她轻轻拉我坐到凳子上，摸摸我的头，用手臂环住包带，一使劲，把包拎到桌子上，发出“嘭”的一声。妈妈把手伸进包里，左右移动，在里面掏着什么，嘴角微微斜翘到一边，眯着眼睛：“咦？东西呢？”眨眼间，她脸上的表情舒缓开来，掏出了几个印着烫金大字的鲜红压岁包，把它们整齐地叠成一堆。

妈妈把它们放在桌子上，一手撑着桌子，一手插着口袋，弯曲着膝盖，非常放松：“妈妈想清楚了，压岁钱你自己保管吧，毕竟你也长大了。你要是愿意的话，我帮你存在银行，你可以收利息；不想的话，就自己保存!”说罢，温柔一笑，拍了拍我的肩，又伸手把那叠钱推到我面前。刹那间，我遇见了一个不一样的妈妈。

妈妈想让我独立，学会自己管钱，我也非常感谢她的做法，让我遇见了一个不一样的妈妈。

这位母亲看到孩子的吐槽，改变了自己原先的想法和做法，孩子则体会到母亲的改变和爱意，懂得母亲的用心良苦。此文见证母子二人共同改变、自我完善，这也是此次教学的意外收获。

《小狗钱钱》和桌游《马尼拉》结合的游戏化教学实践，让学生接触到全新的学习内容和思维方式，获得全新的体验。他们展现的热情与投入让我相信：阅读教学与桌游结合的游戏化教学是未来教育教学变革的方向，需进一步尝试和探索。当时以为《马尼拉》的游戏内容相对单薄，可学习的经济学原理不是太多。其实这款游戏关于“走私货物”的背景设定很有趣，我当时缺乏认识，否则可用来引导学生讨论关税与自由贸易。布置的话题写作，我注重学生个性化的体验和思考，学生写得倒是尽兴，却和书中所写内容缺乏深度衔接，关联不大。

《富爸爸穷爸爸》和桌游《卡坦岛》
——看得见的和看不见的

相较《小狗钱钱》，《富爸爸穷爸爸》[①] 对于经济学常识的讲述更为深入广泛，它涉及分工、税收、资产、负债、工会等话题，非常适合初中生作为进一步了解经济学常识的读物。我选择更为经典的经济学主题的桌游《卡坦岛》与之配套，更为细致地编写本书的读书报告单，印发给学生。

《富爸爸穷爸爸》读书报告单

1. 富爸爸和穷爸爸有什么相同和不同之处？

2. 富爸爸穷爸爸的学历和财富是怎样的关系？为什么会这样？

3. 富爸爸设计了什么课程？他的目的是什么？

4. 大多数人为什么工作？为什么会这样？这样的工作除了对个人有影响，对他人有什么影响？

5. 富爸爸认为在教育良好和治理有方的社会，物价会下降，你同意这个观点吗？说说你的理由。

6. 以开阅览室的创业为例，说说什么是让金钱为自己工作。

7. 大多数人的困境，也就是“老鼠赛跑式”的生活指的是什么？

---

① 罗伯特·清崎，莎伦·莱希特．富爸爸穷爸爸［M］．萧明，译．海口：南海出版公司，2008.

8. 本书对资产的定义是什么？结合《小狗钱钱》，说说你对资产的理解？

9. 为什么作者认为房子不是资产？在什么情况下，房子是资产？

10. 收入都在增加，富人为什么会越来越富有，中产阶层为什么会越来越财务紧张？

11. 什么是财富？财富衡量的标准是什么？

12. 真正的资产是什么？职业和事业的区别是什么？

13. 历史上，英国和美国什么时候开始征税？为什么征税？

14. 税收为什么能被普遍接受？税收实际的结果是什么？

15. 公司的力量是什么？

16. 财商是由哪四项技能构成？为什么要懂得财务知识？

17. 作者投资房产市场的操作有什么特点？

18. 女记者对销售的态度是什么？为什么？

19. 学校、工作单位和富爸爸对于知识的看法有什么不同？

20. 成为高度专业化人士为什么需要加入工会？工会的存在，保证专业化人士免于失业，是利还是弊？

21. 富人和穷人面对亏钱的心理有什么相同和不同？

22. 愤世嫉俗者和成熟者应对现实有什么区别？

23. 为什么要选择财务经纪人？一个好的财务经纪人的标准是什么？

依据这份读书报告单，我和学生重点讨论税收和工会：税收不是从来就有，英国强制征税是因为和法国作战，美国强制征税从南北内战开始。起初，中产阶级和穷人被告知，税收是为惩罚富人，帮助穷人。结果富人可以通过各种方法合法避税，税收负担转移到中产阶层和穷人身上，本来是为了福利，结果反倒负担更重。

也因为这个话题，我介绍法国经济学家巴斯夏“看得见的和看不见的”的思维方式，让学生分析假定优先发展环保产业，对农产品进行补贴，会有什么后果。小组讨论，学生很快掌握这种分析方法，发现优先发展环保产业和补贴农产品都是以税收为支持，补贴越多，用于其他方面的税金支出也就越少。这些补贴又不是自己的钱，浪费也往往严重。不是说这些产业不需要发展，但扶持发展使得它们缺乏竞争，没有自我发展的动力，消费者购买的产品质量也得不到保障。如果这些税收不被征收补贴给环保业和农产品，留在私人手上，就会用在其他地方，促进其他产业的消费和发展。

而工会对于专业人士的保护，看似免除他们收入减少和失业的风险，但也保护那些不合格的从业者，他们没有提升专业能力和服务水平的压力，最后购买服务者利益被损害。没有工会保护，不合格的从业者只能提升能力或者转行适合自己的工作，而不是背靠工会，得过且过混日子。

我顺势引入“你怎么评价执行最低工资标准”的话题。有学生不客气地指出，最低工资标准可能会加大企业成本，让那些不好好工作的人得到与付出不相匹配的收入。为节省成本，企业本来需要两个工人，现在可能只雇佣一个，另一人失去工作。如果维持先前的用工规模，企业很可能无法承受成本支出，只有破产，最终大家都失业。

因为有最低工资标准，收入和劳动不成比例，员工可能也会失去工作动力。为了让这个话题深入，我又提出新问题：如果没有最低工资标准，员工利益怎么保护？有个家里做生意的学生回答说，只要有很多企业可以选择，这家待遇不好就去那一家。老板对员工过于苛刻，员工也不会好好工作，降低生产效率，老板损失会很大。所以员工的利益会得到保障。

结合生活实际，我和学生聊到房地产。有学生说父母在建有城际铁路车站的镇上买房子，看好其升值空间；有学生说自己的家长很讨厌房产中介，觉得他们是奸商。我让学生对此发表看法，这两个问题瞬间引爆他们的热情。

有个男生直截了当地说在城际铁路附近买房是错误选择，城际铁路的车站一般都修在郊区，人口不够，商业不发达，房子升值空间有限。他又提到风景区附近的房子，认为风景区附近不太可能密集发展工商业，人口不会多，一般又远离城区，所以房产升值空间有限。

有个女生反对房产中介是奸商的观点，认为他们的存在，节省买房者大量时间和其他成本。而且房产中介要让买卖双方签订合同，以此保障以百万甚至千万元计算的房产交易安全，出了事情，买卖双方可以找中介负责。

《富爸爸穷爸爸》的整本书阅读告一段落，学生又以小组为单位，学习并体验经典桌游《卡坦岛》。

游戏结束，根据《卡坦岛》，我给学生留了一些问题：

1. 游戏地图上开始都是没有主人的土地，为什么最后会变成你的土地？

2. 你只有一张麦子的资源卡牌，会不会交换？你有五张六张麦子的卡牌，会不会交换？

3. 为什么有的人愿意用三张木头的卡牌换别人一张铁矿的卡牌？

4. 你掷骰子有没有期盼点数，但是不是每次都实现？

5. 你和别的玩家都能从自己开发的土地拿到资源收益，这又表明了什么道理？

6. 有的同学违背游戏规则，私下商量交易，你觉得是公开喊价还是私下交易更公平？

这些问题和游戏内容紧密结合，形象直观地解释经济学的基本常识。学生说我造了房子，所以地就有了归属。这解释了有人在无主之地投入劳动，让其有物理属性的改变，就是土地主人，符合洛克在《政府论》[①] 中所说的产权归属原则；只有一张麦子的资源卡牌，因为玩家自己需要，所以舍不得换，但是麦子的卡牌多了，也就不重要了，想用两张三张麦子的卡牌换取其他资源的卡牌，这就解释了边际效用递减；有的学生用三张同一资源的牌换取其他资源的一张卡牌，旁观者觉得吃亏，可玩家自己觉得划算，这就是主观价值论——每个人对同一物品的价值判断无法以客观统一之标准衡量，完全是从自己的需要和感受来界定。

用三张卡牌换取一张卡牌，表明一张卡牌的资源对于玩家更为重要，所以交换永远是不等价。学生说掷骰子想要合适的点数，获取需要的资源，

① 约翰·洛克. 政府论［M］. 叶启芳，瞿菊农，译. 北京：商务印书馆，1982.

不想什么都拿不到，但偏偏不符合期望，一无所获，甚至掷骰子换来强盗入侵，损失惨重。它形象地解释市场不确定性的含义：你知道有风险，也想去回避，但就是没法掌控。我们发展一块地方的资源，是为自己获利，但别人同样获取收益，这就是市场经济所说的自利带动利他。至于私下交易还是公开喊价，学生倒是看得很清楚：没有交易竞争，很可能被压价，所以还是公开喊价下的竞争更为公平。

这两三年，我花了很多时间翻阅奥地利经济学派的书籍，没想到书中所讲的很多经济学原理，一款桌游就阐释清楚了。

《小狗钱钱》的阅读心得写作，学生是从个人经验出发，写自己的用钱烦恼，进而思考支配钱与自我负责的关系。而布置《富爸爸穷爸爸》阅读心得写作，我决定进行难度更大的尝试：结合阅读和游戏所得，学生观察自己家庭的收入和资产，进行思考，给出建议，写一份家庭收入和资产分析建议书。

我设计了以下几个问题：

家庭收入和资产分析建议书

1. 家庭收入：

____

____

____

2. 家庭资产：

____

____

____

3. 家庭收入的问题和改善建议：

____

____

____

4. 家庭资产的问题和改善建议：

____

____

____

____

____

5. 父母对于知识和财富的观念，哪些是你认同的，哪些你觉得需要改进？为什么？

____

____

____

学生填写完成，交流发言：他们都希望家长配置更多资产，特别是在好地段买房子，改善家庭财富状况。学历不等于能力，高学历不代表高收入，学校学习不等于学习全部，一个人需要持续学习也是共识之一。有学生觉得母亲上班太辛苦，工资太低，可考虑学习新技能，提升自己的价值，换取更高收入；有学生觉得父母开工厂太辛苦，什么环节都是亲力亲为，建议外包部分业务，提高生产效率，还应开设网店，拓宽销售渠道，获取更多收入；有学生说自己父亲收入太过稳定，那就做好家务，让做生意的母亲挣取更多收入，这也是分工……

《富爸爸穷爸爸》和桌游《卡坦岛》的读写教学，比起《小狗钱钱》和桌游《马尼拉》的，在深度和广度上无疑有更大进步。游戏本身的魅力，使我可以形象直观地讲述经济学的基本常识。分析自己家庭的收入和资产，并给出建议的教学设计，让学生有更强的角色代入感，获得很好的学习体验。

顾虑教师身份，我又不是一个喜欢游戏的人，所以我更多以旁观者而非玩家身份体验和理解这款桌游的精妙，对于教学设计和实践，无疑是个缺陷。

游戏化教学的展望

我的游戏化教学是把桌游作为教具，已有实践更侧重经济学常识的教授。我想进行更为宽广的游戏化教学尝试：把桌游《很久很久以前》和初一教材的童话单元教学进行融合，尝试新的童话写作教学。一位正在念大学的年轻朋友告诉我还有一款更为高级的故事编讲类桌游，放了寒假，他回家就教我，看看能否用于教学实践。我希望不断升级，以不同层次和内容的故事讲述这类桌游，用于虚构类写作教学。

阅读《游戏改变教育》，我发现美国的游戏化教育教学已经非常丰富和发达：学生利用视频游戏的形式，学习数学、历史、生物、整本书的经典名著……这是打破从业限制，资源整合的结果。展望未来教育，我希望能找到技术更为进步，内容更为丰富，制作更为精良的游戏，践行全新的教学内容与形式，不断升级，从桌游走向视频游戏，比如我一直琢磨《王者荣耀》的英雄技能和史书依据结合的教学可能性。当然，很多构想中的变革远超我的能力，所以希望破除职业资格限制，改变教师趋同的知识结构和思维方式，引入外来资本，提升学校的技术水准，变革教师观念……从而产生更多可能性。

第六章

语文应试，换条路走走

2017年暑假，我参加“六和公益”组织的教师培训，和一百多位教师分享这七八年在城郊学校的课程实践。互动交流环节，有位老师问我：是不是在农村初中教书，压力小，你才能这么教？

我记得当时这么回答：我一直教普通班，每次考试都要比较排名、开会分析，我不可能摆脱考评压力，现实中哪有这样的学校？做老师，就免不了应对分数压力，说分数就必须找到应试方法和路径。

我教书十五年，初三教了六年。25岁到31岁，男性的黄金岁月，我待在一个以升学成绩闻名，班级排名均分甚至可以精确到小数点后两位的私立学校。其中三年，我都被安排教初三语文，经历太多大小考试与质量分析，会上还被点名提醒均分，灰头土脸。我太清楚应试的压力与残酷。

2008年，我在私立学校第二次教初三毕业班，临近中考的5月，有个历史老师和我半认真半打趣道：我让××默写，她说先要重默语文，你不好惹。6月中考成绩出来，我的班级均分排名第一，说自己不得意那是矫情。但过了一段时间，回想历史老师的俏皮话，我突然觉得这样的应试成绩实在没什么太大意思。虽然那时我已经开始电影课程实践，但面对应试，还是给学生施加压力制造恐惧，逼迫他们背诵默写加刷题，抛开排名带来的自我满足，这些又和学习有多大关系？动物园的猴子在鞭打下尚且认字，可没人觉得这是学习，我不想再这么继续下去。

这几年，苏州语文中考有很大转变，除背诵默写，考察教材内容不过三四分的分值，据说连名著考查也要转向理解类题型。我这几年在农村中学倒腾课程实践，总想试试有无新的可能，但所教班级的语文中考均分还是让领导放心。有个叫代俊州的学生，初二转学过来，第一次考试，总分130的语文试卷，他只考了40分，两年学过去，在2017年的中考，他语文考到74分。这样的成绩，相较他自己的基础，是很大进步。

2017年中考结束，我和同办公室的一个女老师说，挺后悔让学生花2个多月时间做语文模拟试卷，老师评讲得死去活来，学生归纳整理答题套路与解题技巧的时间不够，应试能力没什么明显提升。再教初三，我会布置学生认真做四五套模拟卷，学生对着下发的参考答案，归纳整理答题套路和解题技巧。至于班级的观影读书，我要一直持续到中考。

总有家长和同行以为，语文的应试套路和数理化一样，靠着大量重复地刷题和做卷，分数得以提升。但学生刷大量的阅读试题，做一张又一张试卷，应对新的文本和考题，却又感觉没什么长进。某种意义上，你以为刷题做卷是帮孩子应试，其实是摧毁他们学习语文的信心。

理科老师都会强调理解学科思想，方能应对题目变化，语文应试怎会天真到把套路和技巧当作法宝？很多语文老师没有办法也不想辛苦提升学生的感受力、理解力，但为证明自身存在价值，只好视套路和技巧为学科专业性表现，至于学生付出和最终收益的“性价比”，也就顾不得考虑，听天由命。

一列火车开向悬崖，首要是改变方向，而非减速。同样，现在重点不是讨论语文应试套路有没有用，而是转变语文应试的教与学。

应对考试，学生需要做题，知道和熟练解题套路与技巧，但老师和家长以为这是语文应试的精髓，纯属自我安慰，这种臆想也不断被现实证明是错误的。所以，应试内容和学生生命体验的融合才是关键。没有学生的深度参与，不把应试内容和学生的生命体验结合，不去激发学生创造性，不着眼他们读写能力的提升，只是强制灌输，应试内容的教学效果实在有限。

因为关注学生的课堂参与学习体验，我的课堂教学实践也不断变化。开始教书，我重点关注师生一对一对话，小组合作解决对话产生的重难点。这样的弊端是学习内容极为狭窄，学生很多时候只是他人体验的倾听者，自身体验被无视，大多数学生在解决老师和个别学生输出的学习内容。第二阶段是让合作学习成为课堂重点，学生与学生之间的对话是主要的教学形式。其优点是学习活动充分展开，每个学生的学习差异尽可能被关注和解决。但弊端是教师输出学习内容，无法让每个学生成为学习内容的输出者，个人学习权利无法完整实现，本质上还是教师把控。

2018年，我接手两个初三毕业班。在中考课外现代文和古诗词应试的复习课上，我变成学习材料的提供者，学生自己提出问题，小组合作解决，教师一起参与探讨。我不但关注学生真正参与学习的权利，更转向面对不同文本，学生因人而异，产生各自学习内容的权利。

《目送》：爱与分离，学生拟题

受苏州史金霞老师启发，讲解苏州历年中考试卷的最后一篇阅读试题，也就是课外现代文阅读，我会把近几年中考最后一篇大阅读的文本、试题和参考答案一起印发给学生，以学习小组为单位，学生归纳总结相似题型的不同问法、答题套路和解题技巧。

2018 年 5 月，学生完成解题套路和技巧的整理归纳，我选择文章《目送》作为中考语文课外阅读的复习准备篇目。学生阅读下发的《目送》，标注不理解的字词句甚至段落，以小组为单位，解决小组成员各自不同的问题。

完成内容的梳理，每个学生按照中考要求，各出两道阅读题目，定好分值拟出答案。小组进行最后一次讨论，仔细推敲每人所出题目和所拟答案，从中挑选两道高质量命题，以小组为单位，自选对手互问互答，进行比赛。

学生兴趣盎然，挑战欲望极高，出题质量很是不错，我觉得有些命题的水准甚至超过中考。下面是学生推选的部分命题：

1.“九月初，家家户户院子里的苹果和梨树都缀满了拳头大小的果子，枝丫因为负重而沉沉下垂，越出了树篱，钩到过路行人的头发。”开头的景物描写有什么作用？

参考答案：用了比喻的修辞手法（1 分），写出了院子里的果子成熟（1 分），表现出孩子们已经长大需要上学，为下文我目送华安上幼儿园埋下伏笔（1分）。

2.“我的头只能贴到他的胸口，好像抱住了长颈鹿的脚。他很明显地在勉强忍受母亲的深情”，为什么华安是在忍受母亲的深情？

参考答案：因为华安觉得自己长大了，在机场被母亲拥抱，很不习惯（1分），但他知道母亲的爱（1分），所以也没法拒绝母亲的拥抱，只能忍受。

3.“车子开走，一条空荡荡的街，只立着一只邮筒”这句话有什么作用？（3分）

这句话是景物描写（1分），写出了车子开走，街道空荡荡只剩下邮筒（1分），表达了母亲看到儿子离去后内心的孤独（1分）。

4.“一个高高瘦瘦的青年，眼睛望向灰色的海”，为什么作者觉得华安看到的是灰色的海？（3分）

参考答案：因为华安戴上耳机，不和外界交流（1分），作者不认可现代年轻人的生活方式（1分），觉得他内心荒芜，所以看到的海便是灰色的（1分）。

5.“我掠开雨湿了前额的头发，深深、深深地凝望，希望记得这最后一次的目送”，为什么这是最后一次的目送？这句话有什么作用？

参考答案：因为这次的目送是看着父亲被火化，所以是最后一次（1分）。这句话运用了反复的修辞（1分），写出了我目送父亲被火化（1分），表达了作者内心的悲伤和难舍之情（1分）。

6.文章两次都写到“不必追”，这是不是重复？为什么？

参考答案：不是重复。这是运用了反复的修辞（1分），第一次不必追，写的是母亲目送儿子，因为儿子长大独立，所以母亲觉得不必追（1分）；而结尾的不必追，是写女儿送别父亲，因为父亲已经离开人世，所以不必追（1分）。都表达了作者浓浓的爱（1分）。

用此种方式进行中考现代文阅读的复习，融合文本探究、试题练习、试题讲解。学习体验不被人为分割，小组比赛加分的竞赛模式下，学生也愿意冲刺更高难度的学习内容。

“托身已得所”与“天地一沙鸥”

——给陶渊明和杜甫摘帽子

和现代文的阅读应试专题略有不同，考虑阅读体验差异、阅读信息完整，古诗词的应试教学，我选择杜甫诗歌和陶渊明诗歌作为复习专题，诗歌的选择，既有已学过的教材诗歌，也有我挑选的课外诗歌，以教材诗歌为基础，延伸到课外诗歌的阅读。我觉得这样才能真正提升学生阅读古诗词的能力，让他们的应试有一个相对扎实的基础。

学生阅读杜甫和陶渊明的传记，了解了诗人生平，接着阅读诗歌，个人提出疑问，小组交流讨论，按中考要求命题互答。

陶渊明传

陶渊明，字元亮。或云潜，字渊明。浔阳柴桑人也。曾祖侃，晋大司马。渊明少有高趣，博学，善属文；颖脱不群，任真自得。尝著《五柳先生传》以自况，时人谓之实录。

家贫亲老，起为州祭酒；不堪吏职，少日自解归。州召主簿，不就。躬耕自资，遂抱羸疾。江州刺史檀道济往候之，偃卧瘠馁有日矣。道济谓曰：“贤者处世，天下无道则隐，有道则至；今子生文明之世，奈何自苦如此？”对曰：“潜也何敢望贤，志不及也。”道济馈以粱肉，麾而去之。

后为镇军、建威参军，谓亲朋曰：“聊欲弦歌以为三径之资，可乎？”执事者闻之，以为彭泽令。不以家累自随，送一力给其子，书曰：“汝旦夕之费，自给为难，今遣此力，助汝薪水之劳。此亦人子也，可善遇之。”公田悉令吏种秫，曰：“吾常得醉于酒足矣！”妻子固请种粳，乃使二顷五十亩种秫，五十亩种粳。岁终，会郡遣督邮至，县吏请曰：“应束带见之。”渊明叹曰：“我岂能为五斗米，折腰向乡里小儿！”即日解绶去职，赋《归去来》。征著作郎，不就。

江州刺史王弘欲识之，不能致也。渊明尝往庐山，弘命渊明故人庞通之赍酒具，于半道栗里之间邀之。渊明有脚疾，使一门生二儿舁篮舆；既至，欣然便共饮酌。俄顷弘至，亦无迕也。

先是颜延之为刘柳后军功曹，在当阳与渊明情款，后为始安郡，经过浔阳，日造渊明饮焉。每往，必酣饮致醉。弘欲邀延之坐，弥日不得。延之临去，留二万钱与渊明；渊明悉遣送酒家，稍就取酒。尝九月九日出宅边菊丛中坐，久之，满手把菊，忽值弘送酒至；即便就酌，醉而归。渊明不解音律，而蓄无弦琴一张，每酒适，辄抚弄以寄其意。贵贱造之者，有酒辄设。渊明若先醉，便语客：“我醉欲眠，卿可去！”其真率如此。郡将尝候之，值其酿熟，取头上葛巾漉酒，漉毕，还复著之。

时周续之入庐山，事释慧远；彭城刘遗民亦遁迹匡山，渊明又不应征命，谓之浔阳三隐。后刺史檀韶苦请续之出州，与学士祖企、谢景夷三人，共在城北讲礼，加以雠校。所住公廨，近于马队。是故渊明示其诗云：“周生述孔业，祖谢响然臻；马队非讲肆，校书亦已勤。”

其妻翟氏亦能安勤苦，与其同志。自以曾祖晋世宰辅，耻复屈身后代，自宋高祖王业渐隆，不复肯仕。元嘉四年将复征命，会卒。时年六十三。谥号靖节先生。

饮酒（其四）

栖栖失群鸟，日暮犹独飞。

徘徊无定止，夜夜声转悲。

厉响思清远，去来何依依。

因值孤生松，敛翮遥来归。
劲风无荣木，此荫独不衰。
托身已得所，千载不相违。

归园田居（其三）

种豆南山下，草盛豆苗稀。
晨兴理荒秽，带月荷锄归。
道狭草木长，夕露沾我衣。
衣沾不足惜，但使愿无违。

饮酒（其五）

结庐在人境，而无车马喧。
问君何能尔？心远地自偏。
采菊东篱下，悠然见南山。
山气日夕佳，飞鸟相与还。
此中有真意，欲辨已忘言。

责　子

白发被两鬓，肌肤不复实。
虽有五男儿，总不好纸笔。
阿舒已二八，懒惰故无匹。
阿宣行志学，而不爱文术。
雍端年十三，不识六与七。
通子垂九龄，但觅梨与栗。
天运苟如此，且进杯中物。

饮酒（其十六）

少年罕人事，游好在六经。
行行向不惑，淹留遂无成。

竟抱固穷节，饥寒饱所更。

弊庐交悲风，荒草没前庭。

披褐守长夜，晨鸡不肯鸣。

孟公不在兹，终以翳吾情。

拟古（其九）

种桑长江边，三年望当采。

枝条始欲茂，忽值山河改。

柯叶自摧折，根株浮沧海。

春蚕既无食，寒衣欲谁待！

本不植高原，今日复何悔。

我布置几个问题，让学生带着思考进入文本：

1. 传记里的陶渊明出身怎样的门第？他为什么做官，又为什么不做？
2. 归隐之后，陶渊明过的是怎样的生活？你觉得他是怎样的一个人？
3. 你觉得陶渊明对待家人怎么样？

阅读陶渊明传记，学生特别惊讶陶渊明生活的率性随意：想做官就做官，不如意就撂担子不干；很多名人都愿意和陶渊明交往，资助大量金钱，但他都用以买醉逍遥；若不是夫人坚决不从，用来维持一家人生活的“公田”，陶渊明都会栽种用以酿酒的秫；头巾漉酒完毕，陶渊明居然又戴在头上。

陶渊明又是特别善良的一个人，特意写信交代儿子善待下人：“送一力给其子，书曰：‘汝旦夕之费，自给为难，今遣此力，助汝薪水之劳。此亦人子也，可善遇之。’”“其妻翟氏亦能安勤苦，与其同志”，不少学生觉得陶渊明妻子真了不起，居然可以安心和陶渊明这样的人过日子。

读完传记，我让学生比较诗歌和传记，看看两者展现的陶渊明形象有何不同，思考他的诗歌表达了怎样的感情。学生发现诗歌和传记所展现的陶渊明形象完全不同：诗歌里的陶渊明穷苦孤独，家庭生活并不如意，但还是坚守自己生活的方式和原则，大大不同于传记中的潇洒随性。

最后是以小组为单位，学生交流自己的疑难，各自出题，小组挑选出两道命题，互问互答。

1.“托身已得所，千载不相违”有什么表达作用？

参考答案：运用了比喻的修辞手法（1分），写出了陶渊明已经找到了自己的生活方式（1分），表达了陶渊明决心坚守自己的生活方式（1分）。

2.“天运苟如此，且进杯中物”表达了诗人怎样的情感？

表达了诗人对儿子不成器的痛苦（1分），最后选择接受的豁达（1分）。

3.“少年罕人事，游好在六经”有什么作用？

运用了对比（1分），写出了诗人少年时代的生活，和现在的穷苦生活对比（1分），表达了诗人内心的悲凉与孤独（1分）。

3.“本不植高原，今日复何悔”表达了陶渊明怎样的感情？

表达了诗人面对自己穷苦命运，愿意坦然接受的情感（2分）。

这样的古诗词专题复习，除应对考试，更是希望尽可能还原一个真实的陶渊明，不再是学生以为的那个不食人间烟火，隐居生活惬意悠哉的陶渊明。

不过，我也犯下想当然的疏忽，以为陶渊明在历史传记中的形象，是作者冷血，没有心肝，诗化苦难。后来读到相关文章，才发现传记里的陶渊明有其真实性，回想起来，我真需要谨慎做出自己的价值判断，让学生搜集查找材料，了解真实的陶渊明。

研读完“陶渊明诗歌和传记结合”专题，我和学生又转入杜甫诗歌和传记的学习。杜甫首先是一个非常伟大的人，然后才是一个伟大的诗人。他颠沛流离，看透自己“江汉思归客，乾坤一腐儒”的命运，却不改赤子之心，对弱小生命的同情发自肺腑，我每每读来，十分动容。但就接触的实际，我觉得太多语文课堂上呈现的杜甫是一个整天忧国忧民苦大仇深，无趣又无味的糟老头子形象。无论应试需要，还是私人情感，我都无法接受，所以选择杜甫诗歌作为初三古诗词的复习专题，既考虑教材重难点，也因为个人偏好。

新唐书·杜甫传

杜甫，字子美，少贫不自振，客吴越、齐赵间。李邕奇其材，先往见之。举进士不中第，困长安。

天宝十三载，玄宗朝献太清宫，飨庙及郊，甫奏赋三篇。帝奇之，使待制集贤院，命宰相试文章，擢河西尉，不拜，改右卫率府胄曹参军。数上赋颂，因高自称道，且言："先臣恕、预以来，承儒守官十一世，迨审言，以文章显中宗时。臣赖绪业，自七岁属辞，且四十年，然衣不盖体，常寄食于人，窃恐转死沟壑，伏惟天子哀怜之。若令执先臣故事，拔泥涂之久辱，则臣之述作虽不足鼓吹《六经》，至沈郁顿挫，随时敏给，扬雄、枚皋可企及也。有臣如此，陛下其忍弃之？"

会禄山乱，天子入蜀，甫避走三川。肃宗立，自鄜州羸服欲奔行在，为贼所得。至德二年，亡走凤翔上谒，拜右拾遗。与房琯为布衣交，琯时败陈涛斜，又以客董廷兰，罢宰相。甫上疏言："罪细，不宜免大臣。"帝怒，诏三司亲问。宰相张镐曰："甫若抵罪，绝言者路。"帝乃解。甫谢，且称："琯宰相子，少自树立为醇儒，有大臣体，时论许琯才堪公辅，陛下果委而相之。观其深念主忧，义形于色，然性失于简。酷嗜鼓琴，廷兰托琯门下，贫疾昏老，依倚为非，琯爱惜人情，一至玷污。臣叹其功名未就，志气挫衄，觊陛下弃细录大，所以冒死称述，涉近讦激，违忤圣心。陛下赦臣百死，再赐骸骨，天下之幸，非臣独蒙。"然帝自是不甚省录。

时所在寇夺，甫家寓鄜，弥年艰窭，孺弱至饿死，因许甫自往省视。从还京师，出为华州司功参军。关辅饥，辄弃官去，客秦州，负薪采橡栗自给。流落剑南，结庐成都西郭。召补京兆功曹参军，不至。会严武节度剑南东、西川，往依焉。武再帅剑南，表为参谋，检校工部员外郎。武以世旧，待甫甚善，亲至其家。甫见之，或时不巾，而性褊躁傲诞，尝醉登武床，瞪视曰：“严挺之乃有此儿！”武亦暴猛，外若不为忤，中衔之。一日欲杀甫及梓州刺史章彝，集吏于门。武将出，冠钩于帘三，左右白其母，奔救得止，独杀彝。武卒，崔旰等乱，甫往来梓、夔间。

大历中，出瞿唐，下江陵，溯沅、湘以登衡山，因客耒阳。游岳祠，大水遽至，涉旬不得食，县令具舟迎之，乃得还。令尝馈牛炙白酒，大醉，一昔卒，年五十九。

甫旷放不自检，好论天下大事，高而不切。少与李白齐名，时号“李杜”。尝从白及高适过汴州，酒酣登吹台，慷慨怀古，人莫测也。数尝寇乱，挺节无所污，为歌诗，伤时桡弱，情不忘君，人怜其忠云。

望　岳

岱宗夫如何？齐鲁青未了。

造化钟神秀，阴阳割昏晓。

荡胸生曾云，决眦入归鸟。

会当凌绝顶，一览众山小。

旅夜书怀

细草微风岸，危樯独夜舟。

星垂平野阔，月涌大江流。

名岂文章著，官应老病休。

飘飘何所似，天地一沙鸥。

孤　雁

孤雁不饮啄，飞鸣声念群。

谁怜一片影，相失万重云？

望尽似犹见，哀多如更闻。

野鸦无意绪，鸣噪自纷纷。

百忧集行

忆年十五心尚孩，健如黄犊走复来。

庭前八月梨枣熟，一日上树能千回。

即今倏忽已五十，坐卧只多少行立。

强将笑语供主人，悲见生涯百忧集。

入门依旧四壁空，老妻睹我颜色同。

痴儿不知父子礼，叫怒索饭啼门东。

登岳阳楼

昔闻洞庭水，今上岳阳楼。

吴楚东南坼，乾坤日夜浮。

亲朋无一字，老病有孤舟。

戎马关山北，凭轩涕泗流。

又呈吴郎

堂前扑枣任西邻，无食无儿一妇人。

不为困穷宁有此？只缘恐惧转须亲。

即防远客虽多事，使插疏篱却甚真。

已诉征求贫到骨，正思戎马泪盈巾。

杜甫诗歌的专题复习，和他的传记互文，使学生理解杜甫的经历与情感。比如《望岳》和“甫，字子美，少贫不自振，客吴越、齐赵间。李邕奇其材，先往见之举进士不中第，困长安”相照应，表达了年轻的诗人觉得自己有无限可能的期望。《登岳阳楼》和“大历中，出瞿唐，下江陵，溯沅、湘以登衡山，因客耒阳。游岳祠，大水遽至，涉旬不得食，县令具舟迎之，乃得还”相对应，表达诗人贫穷孤独却依然同情天下苍生。

为了让学生理解杜甫的伟大，我把《百忧集行》和《又呈吴郎》结合教学。学生看到杜甫年老穷苦，寄人篱下，但就是这般生活处境，他依然有着伟大人格：搬家离开，却惦记更为穷苦的老妇人，特意嘱咐新来房客不要插篱，善待老妇，免得她不敢前来打枣果腹。结尾处，情感升华，想到边关战事，课税繁重，平民惨状，杜甫又一次留下泪水。理解了这两首诗歌，学生多少能够体味杜甫与众不同的伟大，其人性的光辉与闪耀。

读完传记和诗歌，学生又出考题，互问互答，这是他们的部分命题：

1.《望岳》的写作顺序是什么？表达了作者怎样的感情？

参考答案：是按照由远及近的顺序写作（1分），表达了诗人对自己的未来充满信心，渴望建功立业的感情（2分）。

2.“飘飘何所似，天地一沙鸥”在表达上有什么作用？

参考答案：用了比喻的修辞手法，把自己比喻成沙鸥（1分），写自己到处漂泊，表达了自己漂泊孤独的情感（2分）。

3.“忆年十五心尚孩，健如黄犊走复来”有什么作用？

参考答案：运用了对比的写作手法（1分），写出了年少的强健，和现在的年老贫穷对比（1分），表达了作者内心的悲伤和无奈（1分）。

4.“望尽似犹见，哀多如更闻”里的“似”和“如”在表达上有什么作用？

参考答案：“似”和“如”是好像的意思（1分），写出了孤雁好像总能看见雁群的影子，听到雁群的叫声（1分），表达了孤雁的思念（1分）。

5.为什么写“野鸦无意绪，鸣噪自纷纷”？

参考答案：运用了对比的写作手法（1分），写出了野鸭毫不同情孤雁的遭遇，在一旁鸣叫（1分），表达了诗人对于那些不知道同情他人悲惨遭遇的人的批判，也表达了自己无人理解的孤独和痛苦（2分）。

不过诗史对照，学生最感兴趣的是严武差点怒杀杜甫，他们觉得杜甫不全是忧国忧民孤苦无依，也是一个不通人情放浪形骸甚至不懂礼貌的痴人。

作文当然教得好

很多初中生的考场作文，甚至相当数量的优秀考场作文，缺少起码的真诚，更无独立思考。这和当下的日常作文教学脱不了关系：作文教学重点就是学生写老师改。有想法的老师努力批完规定的作文篇数，详细点评，课上再读读优秀范文……尽心又辛苦，只是收效甚微，学生还是不会作文。以至有些老师断言作文没法教，写得好，那是学生有天赋，甚至懒得上专门的作文课。

到了作文公开课，很多老师动辄以术语唬人：作文选材要典型，结构要有详略，多用修辞语言美，真实虚构相结合，作文最要有新意……每次听闻这些，我就纳闷：怎样做到选材典型？如何做到有详有略，虚构怎么和真实结合？什么是作文的新意？是与众不同的经历？学生比我更惨，他们从小学就知道这些大词，到了初中，还是被教授这些大词术语。可实际来看，他们写作文依旧糊里糊涂，写到哪算哪。

到了考场，学生只好讨好老师，失去自我，以所谓铺陈堆砌的“辞章”来掩饰言之无物，缺乏思考的事实。有些老师水准有限，喜欢空洞矫情造作的行文，加剧此种恶果。更多学生又不会铺陈造文，只能干涩行文，凑满字数，完工大吉。

其实，无论自由写作还是考场作文，究其本质，不过是个人表达，与人交流。老师教学生作文，是以交流为目的，讲述真实生活，抒发真实情感。

老师不以培养作家为目标，大多数学生能做到文通字顺，真诚表达，真挚抒情就行，它只是一项基本技能，哪有那么高深。这样看，作文当然可以教，而且也能教好。

妈妈的唠叨：描述的准确和个性

受《开始写吧！非虚构文学创造》[①]启发，我要求学生直接准确描述所见所闻，少用抽象词，慎用形容词和比喻句。不要直接告诉读者，那是低估读者能力，应让他们感受和体验所述事实。

练习直接准确的描述，学生起初描写自己熟悉的生活场景，通常从吐槽父母老师开始。最近几年，只要接手新的班级，我都组织学生观看美国喜剧演员安妮塔·兰弗洛的演唱视频《妈妈之歌》，一起赏析歌词，回忆并写下自己妈妈的唠叨话。

比较不同学生表达效果的差异，我强调人物语言描述的真实和个性。由此升级，学生要在语言描述前加上肢体动作和面部表情的描写。结合很多学生所用的“生气、高兴、发怒”等，与诸如“妈妈涨红了脸，拍了下桌子，起身向我走来”等进行比较，让学生讨论表达效果的差异，体会直接准确的描述与抽象词概括的不同。

最后是学生在课下完成三百字的习作，实践课上所学。

妈妈的唠叨

张嘉如

记得那一次，我因为着急要出去和朋友们玩，便匆匆写完了最后一张数学试卷，随手拿给妈妈检查，便跑出去玩了。直到傍晚，我才回到家。

刚关上门，身后就传来一阵咆哮声：“又去哪儿疯了？这么晚才回来，看看你作业做的是什么鬼样子？！”我被吓出一身冷汗，小心翼翼地转过身，

---

① 雪莉·艾利斯.开始写吧！——非虚构文学创造［M］.刁克利，译校.北京：中国人民大学出版社，2011.

看见妈妈脸色铁青，眉头紧皱，双手环抱，眼睛里好像要喷出火来。旁边桌子上放着那张满是“叉叉”的试卷。

“啪”，妈妈猛地一拍试卷，指着我的鼻子，咬牙切齿地说：“你看看这道题，我都跟你讲过多少遍了，你怎么还能做错？你做作业的时候到底在想什么呢？”妈妈恨铁不成钢地戳着我的脑袋：“一天到晚净想着玩，也不把心思放在学习上。你看看人家 ×××，这次考试又是全班第一，你就不能跟人家好好学学？”

“嗯嗯嗯，我一定学，一定学。”我一边如捣蒜似的点着头，一边飞快拿起试卷躲进了房间。

我知道妈妈唠叨都是为了我好，希望我改正自己的缺点。我也会为此一直努力，努力做到我的最好。

“妈妈的唠叨”被描述得栩栩如生，仿佛就在眼前，此种习作，不仅锤炼语言，学生更是体味日常生活，发现其中趣味。

天牛打架：行文的层次和变化

“文似看山不喜平”，道理好讲，但真不是一件容易的事。找到经典范文，寻找合适主题，让学生练习叙事的层次与变化，就更不容易。也是机缘巧合，我无意中读到法布尔的《蜣螂》，觉得描述蜣螂推粪球上坡的那段是叙事有变化见节奏的典型，决定以它为范文，让学生体会行文的层次与变化。

当心啊，小傻瓜！沿着谷底走吧，那里的道路更平坦，你可以毫不费劲地推着粪球往前。好吧，它偏偏不那么做。它打算再次爬上斜坡，也许它喜欢回到高处。我对此无话可说，对于居高临下带来的好处，蜣螂比我更加清楚。但是至少要走这条路呀，这边的坡度更加平缓，你可以爬得不那么费劲。不，它才不听我的。它找了一处十分陡峭的地方，它一定爬不上去。真是个顽固的家伙。现在，它像西西弗斯一样，身负着重担，小心翼翼地一步步往后退，将粪球推上斜坡。我们不禁要问，这是怎样的一个力学奇迹。哎呀！一不小心，粪球带着圣甲虫一起滚了下去，前功尽弃。它再次开始了攀登，没多久又翻了下来。这一次，它更加谨慎了。它成功绕过一小段草茎，那正是前几次绊倒它的罪魁祸首。它小心翼翼地拐了个弯，还差一点点就成功了！稳住，稳住，这里危机四伏，一不小心就会前功尽弃。看吧，圣甲虫踩到了一块光滑的砾石，脚下一滑，和粪球一起稀里哗啦地滚了下去。它毫不气馁，再一次站了起来。十次，二十次，它不断挑战着这个斜坡，直到征服这个障碍，或者吸取教训，明白再多的努力也无济于事，于是另选一条比较平坦的路线。

依据节选的上文，课上首先讨论分析法布尔的写作技法，学生发现法布尔注重叙事变化：读者以为蜣螂推粪球会成功，结果失败了；以为蜣螂会放弃，它却重新振作。这样行文，一波三折，出人意料，读者极有兴趣。

依据所学，学生描述纪录片《微观世界》里的天牛打架片段，把电影镜头的叙述转化成书面表达，练习行文的变化与层次。

天牛打架

你看，那和平的草地上有两只脾气暴躁的天牛，竟然一起走上一个窄木桩，会发生什么呢?

他们四目相对，却谁也不让谁。红天牛不爽地说："你算什么什么东西，敢挡我的路，识相的话赶紧让开。"蓝天牛不屑地说："你不就是长得肥了一点嘛!"红天牛一愣，随即挑眉说："小子可以啊，这个草原上还真没人敢这么和我说话。既然这样，咱就凭实力说话。""好啊，但吹牛皮时，当心闪着腰。"蓝天牛吐槽道。

"小子，你自找的!"红天牛一个翻身，把蓝天牛死死地按在地上，胜负好似就此决出。可蓝天牛突然发力将红天牛推了出去，以迅雷不及掩耳之势用角顶住红天牛的肚子，红天牛吃痛连连后退，蓝天牛乘机将它推下了木桩。

谁知红天牛竟然夹住了蓝天牛的角，拉着蓝天牛一起滚下木桩。到了草地上，红天牛立刻起身，将蓝天牛压在身下，气喘吁吁地说："小子……还真有两下子，不过你那点雕虫小技，对我来说算不了什么的，哈哈。"而蓝天牛一动不动地躺在地上，难道他没力气了？红天牛狂妄地说："一开始就警告过你了，手下败将感觉怎么样啊？哈哈。"蓝天牛还是一动不动。红天牛觉得蓝天牛不行了，渐渐放松了警惕。蓝天牛一个后空翻，撞倒了红天牛，用自己的两角，一下子扣住红天牛的脖子。红天牛挣扎着，艰难说道："你……卑鄙。"蓝天牛鄙视地说道："在强者的战斗中，最不能做的就是轻敌，这是大忌。"说完蓝天牛转身离开了。红天牛连忙起身，边走边回想着蓝天牛的话……

又是木桩，又是这两只天牛。好吧，他们又要打起来了。谁知道，蓝天牛和红天牛礼貌地碰碰触角，和平走下木桩。小小举动，维护了整个草地的和平。

学生改写想象丰富，趣味盎然，行文极有变化，情节发展出人意料又基本合理。所以说，蜣螂推粪球和天牛打架就解决了一些看似很难，不易讲解的作文技法。

比喻：我有个性和趣味

学生写作文，不要滥用比喻句甚至形容词，它们都是无法准确表达的替代物，过多使用会切割真实生活和孩子生命体验的连接。但我不反对学生写比喻句，只是怎么写，老师要教会学生原则和方法。关于修辞，我一直遵守一个基本的底线和原则：写个性化的句子，表达自己独特的感受。我设计的"比喻"主题练习如下。

莎士比亚的比喻句

人们都像蝴蝶，只向炙手可热的夏天翩翩起舞。

他像一个巨人似的跨越这狭隘的世界，我们这些渺小的犯人一个个在他粗大的腿底下行走，四处张望，替自己寻找不光荣的坟墓。

创巨痛深的伤口，像是一道毁灭的门户。

每一个伤口都是敌人的一座坟墓。

钱钟书《围城》中的比喻句

而这辆车倚老卖老，修炼成桀骜不驯、怪癖难测的性格，有时飚劲像大官僚，有些别扭像小女郎，汽车夫那些粗人休想驾驭了解。

孩子不足两岁，塌鼻子，眼睛两条斜缝，眉毛高高在上，跟眼睛远隔得彼此要害相思病。

除掉那句古老得长白胡子、陈腐得发霉的话："女人是最可怕的！"

除掉开头几句话，其余全吓忘了，拼命追忆，只想把筛子去盛水。

旁边一碟馒头，远看也像玷污了清白的大闺女，全是黑斑点，走近了，这些黑点飞升而消散于周遭的阴暗之中，原来是苍蝇。

时间都给他的话胶着，拖泥带水地慢走。

幸亏年轻女人的眼泪还不是秋冬的雨点，不致把自己的脸摧毁得衰败，只像清明时节的梦雨，浸肿了地面，添了些泥。

鸿渐追想他的国文先生都叫不响，不比罗素、陈散原这些名字，像一支上等哈瓦那雪茄烟，可以挂在口边卖弄。

有人失恋了，会把他们的伤心立刻像叫花子的烂腿，血淋淋地公开展览，博人怜悯；或者事过境迁，像战士的金疮旧斑，脱衣指示，使人惊佩。鸿渐只希望能在心里的黑暗里隐蔽着，彷佛病的眼睛避光，破碎的皮肉怕风。

那最难措辞的一段话还闷在心里，像喉咙里咳不出来的粘痰，搅得奇痒难搔。

这次吵架像夏天的暴风雨，吵的时候很厉害，过得很快。

忙翻箱子，掏口袋，找不见那张收条，急得一身身的汗像长江里前浪没过，后浪又滚上来。

回家只像半生的东西回锅，要煮一会儿才熟。

上海彷佛希望每个新来的人都像只戴壳的蜗牛，随身带着宿舍。

回上海以前的吵架，宛如富人家的饭菜，不留过夜的。

练习一下

爸爸妈妈因为你的成绩不理想而生气的比喻句：

爸爸妈妈因为某件事而高兴的比喻句：

老师在课堂上发火的比喻句：

老师对你的鼓励和安慰的比喻句：

同学挖苦你的比喻句：

同学鼓励你的比喻句：

参考王鼎均的《作文四书》[①]和《开始写吧！——虚构文学创作》的“比喻”篇，我又挑选《围城》的经典比喻，给学生编写一份“比喻句练习”的讲义。学生起码要知道比喻的原则，也就是本体和喻体的类型差别越大，用嗅觉写视觉，以大写小，化无形思绪为可见之物，比喻的表达效果就越好。加以必要练习，学生们写出了一些非常有意思的比喻句：

1. 妈妈就像饿了几天的老鹰，紧盯着我这只猎物不放。

2. 通过短信知道成绩的爸爸坐在黑暗处，像伏在草丛中的猛虎，散发阵阵杀气。

3. 妈妈的唠叨，如同摆在面前的米饭，我一粒不剩地咽了下去。

4. 原来有的人见过了，其他人就像白开水一样琢磨不出味儿。

5. 我很爱你，像云绵延一万里；我很爱你，如日月星辰，长久不熄。

编写这份比喻句练习讲义，我注重例句的经典性和趣味性，练习设计和

① 王鼎钧．作文四书［M］．北京：生活·读书·新知三联书店，2014.

学生真实生活密切相关，尽可能触发他们的独特感受，进行个性化表达。从实际效果看，还不错。

选材典型：行为或想法的变化

提及作文选材，无论平日上课还是公开课，老师们都强调要选择典型事例。可这是个大空话，说不说没区别。作文选材的典型性，无论写他人还是写自己，就是选择让自己想法或行为发生变化的事情。比如你对父亲开始的印象怎样，哪件事让你改变看法，觉察到他的爱，这就是所谓的典型事例。不要给学生一些大词和概念，把话说明白，让学生明了，不要简单问题复杂化。

这几年，借鉴史金霞老师的实践，每到初三下学期，我印发自己编写的“我的爸妈”与“回望校园”的主题问卷，让学生以此回顾过往生活，从熟悉的日常中，发现被忽略的亲情、友情还有师生情。

亲子问卷

各位好：

作为教师，我相信，亲子间的信任和交流，可促进父母子女共同成长。为人父母，需要倾听与理解孩子的真实想法，进入他们内心；了解父母、体谅他们，是为人子女走向独立，承担责任的开始。

成绩与升学很重要，但不管其前景如何，成长不可停滞，父母子女不可彼此麻木，互不信任。我相信，所有父母和学生都对自己抱有美好期盼，愿意努力和行动。正因为这样，我特意编写一份亲子问卷，希望增进亲子间的理解和信任，让成长的时光变得美好一些。

殷国雄

学生问卷

1. 升入初中，父母做的哪件事最让你感动？为什么？

2. 升入初中，父母做的哪件事最让你难堪和伤心？为什么？

3. 升入初中，你觉得父母做得最好的是什么？你觉得最需要改进的又是什么？

4. 父母最希望你能升入哪个学校？你觉得自己能达成父母的希望吗？

5. 升入初中，你最大的焦虑是什么？最大的希望是什么？想对父母说什么？

6. 写下你看完父母问卷后的感受。

答卷人：　　　　　答卷时间：

家长问卷

1. 进入初中，孩子做的哪件事最让你感动？为什么？

2. 进入初中，孩子做的哪件事最让你难堪和伤心？为什么？

3. 进入初中，你觉得孩子做得最好的是什么？你觉得最需要改进的又是什么？

4. 你最希望孩子能升入哪个学校？你觉得孩子能达成自己的希望吗？

5. 孩子升入初中，你对孩子最大的焦虑是什么？最大的希望是什么？想对孩子说什么？

6. 写下你看完孩子问卷之后的感受。

答卷人：　　　　　答卷时间：

初三的学生，大都不愿和父母交流自己的内心想法，这是渴望独立的表现。填写亲子问卷，促成他们相互走近，消除误解，发现彼此的爱与关怀。完成问卷，写作“我的父亲”“我的母亲”，已是学生情感表达的自发需要，无须强制。

我的父亲

都说儿子是打出来的，女儿是宠出来的，但我偏偏就活得像个男孩，已经早早习惯了父亲的打骂：“你怎么这么笨，慢吞吞的，谁像你这样做事的？”“我看你是懒散惯了，天天什么都不会做。”……

小学升初中，父亲强烈要求我必须考上一个好初中，别因为九年义务教育，就把心放肚子里，什么也不做。说实话，我的内心是拒绝的："学校都差不多，自己好好学不就完了吗？非得考什么学校？好好的暑假都糟蹋掉半个月，真是难熬啊。"

但父亲仍然为他的大计而乐此不疲。天天回来捧着一叠试卷，像是一个饿了几天的狼捧着一堆心爱的骨头。父亲大喊着我的名字，像是献宝似的，将一大叠试卷轻放在我的手中，慢慢说着："好好做。"我随意将试卷一丢，"嗯"了一声，就专心做自己的事，心中埋怨个不停。

很快，半个月过去，我坐在考场里，做着试卷上的题，死命地戳着纸，像是戳着父亲一样，不戳出洞来，就难以泄愤。考完，走出教室，父亲倒是在班门口等着了，挤在一堆高高大大的人堆里，滑稽得像是大人堆里的小屁孩——个子不高，胖胖的。难以想象他是怎么挤在前头的，心里有些酸涩，但仍无法平息我心中的怨恨。

我一路无言，只想着快点到家，把这个牛皮糖似的燥热天气甩开。倒是父亲略显激动兴奋，眉毛上扬，嘴巴咧得很开："今天考得怎么样？""有没有紧张啊？""有没有不会做的题啊？"……心情极差的我，也懒得理他，但又迫于他的威严，只能说两声"对""嗯"敷衍了事。

回到家，父亲破天荒地烧了几盘菜，味道挺好。

晚上，说是成绩出来了。父亲就端着一杯水，坐在沙发边，双眼紧盯着手机，像极了流着口水的豺狼。许久，父亲的脸色略有些灰暗，只剩下一双眼睛在散发光芒。电话铃响了，是父亲的朋友打来的，一上来就问："怎么样啊，你家的考上了吗？要不我帮你查查分数？"……也不知他们聊了多久，父亲的脸更黑了，端起一杯水，我偷偷往后退了几步，但父亲只喝了几口水，竟没有向我甩杯子。

父亲沉默一会儿，坐直了身子："你先坐下吧。"我轻手轻脚坐下。"你没考上，差个几分，就只能读我们这儿的中学，以后我帮不了你什么，你自己折腾吧，学不学得好就只能看你自己了。"他的语气缓慢，带着那么一丝丝无可奈何。他站起身来，轻轻从我身边走过，我能感觉到父亲的脚步很沉重。我转过头，望着他的背影，发现父亲的背弯了，肩膀也已经拢着了。莫名的，心中感到不知所措，却也越来越柔软，眼睛模糊了……

哦，原来父亲威严的背后却也是无能为力，原来我的父亲也是随和的，只是他会像刺猬一样，小心地付出。

日常的亲子相处，必然有矛盾有冲突，甚至产生怨恨。但面对问题，父母子女不能只是情绪化反应，需要学习理解和体谅，进而懂得包容与宽恕。亲子如此，师生之间更是如此。相对父母，在学生眼里，老师大都粗暴爱发脾气，只讲纪律和成绩，不太讲道理。学生填写“回望校园”的主题问卷，可以讲述同学情谊，理解和体谅老师的过失，发现老师的付出和用心……

“回望校园”调查问卷

亲爱的同学们：

眨眼之间，你们从初一走到初三，不远的六月，你们将迎来中考。

两年多过去了，你们慢慢长大，女生清秀，男生挺拔。两年多的日子，你们勤奋努力也痛苦彷徨无助；你们进步成长，也曾颓废放纵。

而中考要来了，你们人生的第一个关口要来了。请你们放下内心的伤感和迷茫，勇敢地迎接未来。老师们相信，无论最终的结局怎样，这只是你们人生精彩的开始。未来的日子，也许不会一帆风顺；但我们都要给自己鼓劲加油——坚定的努力、持续的勤奋会让我们走向希望和光明。

但我们不迷信将来，也不懈怠当下，更不遗忘过往。每一段日子都不可重复，你们应该想想过去的日子，细细回味这两年多的收获和教训。回望过去的日子，就是审视自己的成长，让自己更好地努力于现在、更清醒地面对将来。诚实面对欢笑和伤痛，审视进步与过失，是每个人持续进步的基础。

所以老师准备这一份“回望校园”的问卷，希望你们面对自己，接受自己，更要突破自己，开启你们精彩的人生。

殷国雄

1. 作为初一新生，你第一次踏入初中校园，对校园是什么感觉？两年多过去了，你觉得校园发生了哪些变化？

2. 刚进初中，你最大的希望是什么？实现了吗？你最大的痛苦是什么？两年多过去了，作为初三的学生，你现在最大的希望是什么？最大的痛苦是什么？

3. 初中生活，你最喜欢的老师是谁？你认可这位老师身上的什么品质？你对他（她）印象最深的一件事情是什么？你想对他（她）说些什么呢？

4. 你觉学校的哪位科任老师改进的潜力最大？你觉得这位老师最需要改变的是什么？你对他（她）印象最深的一件事是什么？你想对他（她）说些什么呢？

5. 你在班上最要好的朋友是谁？为什么你们能成为最要好的朋友？你们闹过矛盾吗？怎么解决的？你们经历过的最难忘的一件事情是什么？

6. 班级里，你最欣赏的异性同学是谁？他（她）有哪些优秀的特质呢？

7. 班级里，你和哪位同学交往不多，却又最想了解他（她）？为什么你想了解他（她）？你对他（她）想说些什么呢？

8. 班级里，你觉得最需要改变的同学是谁？哪些方面需要改变？你对他（她）想说些什么呢？

9. 即将中考，你对同学想说些什么呢？

10. 回望初中学习和生活，审视自己，你觉得自己最大的收获是什么？最惨痛的教训是什么？现在的你，想对自己说些什么呢？

答卷人：　　　　　　　　答卷时间：

填写完“回望校园”的主题问卷，学生完成题为“留香”的作文，深处记忆都被唤醒，他们重新发现看似单调重复的校园生活，感受友情与师生情，明白人的复杂与多样，宽恕他人接受自己。

留　香

张　鹏

隔这么久了，还是会记得涛教我打球的那个下午，天有些微凉。这件事，就像醇厚的酒，在我心间，散发出阵阵醇香，又像一朵花般，散发清香，留在记忆中。

初一的时候，经常看见涛和初二的不良少年走在一起，就认为他是个混混。有次从后门回家，看见涛靠在后门上，和初二的不良少年在那窃窃私语，时不时还往四周瞟一眼，一副在密谋伤天害理事情的样子。从那以后，每每见到他都远远地绕着走，就好像他身上有什么会散发出恶臭气息的东西。

不久，社团开始招生了，我一开始是冲着乒乓球去的，不料，晚了一步，人已经招满了，只剩下篮球社等待我的加入，我只能勉为其难地去报名。我不经意间一瞥，瞧见涛的名字也赫然在列，心里哀叹一声：也只能这样了。

“社团活动开始了！”篮球老师先前让我们一人带一个球，我却把这事丢到爪哇国去了。正想着怎么扯个理由混过去时，看见一个高大身影走了过来，我暗叫不好，拔腿想溜的时候，却被叫住了：“那边那个，过来！是篮球社团的吧？”我点点头，大气都不敢出，头也不敢抬一下。正准备挨批，一个声音响起：“老师，让他跟我练吧！我小学的时候是校队的。”这简直就是救命稻草，是橄榄枝，是天籁。我循声望去，却看见了一个我最不想见的人——涛，他手里抱着个篮球。

“跟他练，听到没？”篮球老师对我吼道，脸上粘上了他的唾沫星子，我却连擦都不敢擦，只得唯唯诺诺地低声说：“听到了。”虽然内心一万个不愿意。

“你先用我的球跑一组八字形看看。”他一副正规教练的样子：脚成外八展开，左右脚大概与肩同宽，左手握着右手腕背在身后，脖子间挂着一块秒表，双目发出鹰隼般凌厉的光，眉头紧皱。

跑的时候，他冷不丁喊一句：“再给我快点！”简直就是小人得志嘛。一组跑完后，他走过来，离我还有三四米远时，他就在骂骂咧咧：“你跑的是什么玩意儿？速度这么慢，竟然要十八秒多，真不知道是谁给你的勇气报篮球社团，你知不知道初三篮球八字形只有十五秒！”他顿了一顿，深吸一口气，接着说：“你的姿势也有问题，控球控得不好，速度一快，球就被你拍得乱飞，差点都追不上球。手也不应该拍球的正上方，要拍球的后上方。”

俨然一副军官对待犯错列兵的模样。

“球，拿来。”他伸出右手，向我要球，我忙把球递过去。“我现在教你正确的打球姿势，给我看好了！”言毕，就拿起球冲出去。“到底还是练过的。”我不禁在心里由衷夸赞。不是吹，他运球的速度，就像在非洲大草原上追逐羚羊的猎豹，过弯几乎不减速，最后冲过我身边，我仿佛听到空气被划破的尖锐声音。

“看明白了?”他拍着球走过来，脸上有一丝骄傲，嘴角微微上扬。我赶紧点头连声说：“明白了，明白了。”他把球抛给我：“那你再去多跑几次，跑多了就快了，顺便让我看看你还有什么细节不足。”他脸上的笑意没了，又恢复了先前板着的面孔。

那两节课九十分钟，涛至少教了我五十多分钟的技巧。“他其实也还不赖。”我想。更令我想不到，现在我最好的朋友竟然是涛！

这么久了，他也许已经忘了初一有这回事了。但是我会一直记得，不为别的，就为我们之间的友谊。

天有些微凉的那个下午，涛教我打球的这件事，就像一杯酒，散发出浓郁的香，又像一朵花，散发出清香，留在我的记忆里。

留　香

季宁萱

转眼，初中三年马上就要走到尽头。在这三年，总有许多特殊的人或事值得被记住，但最令我无法忘怀的是班主任钱老师对我的帮助与关怀，那份关切就像一缕香，永远萦绕在我心头，挥之不去。

说起我与钱老师还算有缘，入学考试，她便是我的监考老师。但得知她是教数学的老师，一向对这门学科深恶痛绝的我在印象分上就对钱老师打了折扣，想当然地以为她也不会注意我。

开学第一次双休日作业，我做得差极了，只得个“中减”，班里许多人都得了这样的分数，我们都不在意。中午讲评作业，钱老师“砰”的一声推开了教室的门，惊动了还未睡醒的我们。她将教科书摔在讲台上，扬起一片粉尘："看看你们的作业，错得一塌糊涂，像没人教的！"钱老师眉头紧拧，眼睛圆瞪，嘴角下垂，样子恐怖极了。更恐怖的是她又通知几位作业差的同学家长来"喝茶"，我居然不在名列之中，侥幸之余又很沮丧，更加自暴自弃，心里想"反正你也不管我的"。时间转瞬即逝，我迎来了初中生涯的第一次期中考试，但出师不利，我的成绩差到极点，尤其是数学满分 130 分只得了 94 分！想到钱老师那严肃的脸，我便心惊肉跳。果然她找我谈话了。

出乎意料，她并没有劈头盖脸地痛骂我一顿，而是温和地拍着我的肩膀说："过来一下。"继而拿出试卷，帮我分析，我才发现很多错误都是所谓的"粗心"造成。钱老师看着我，眉头微微聚拢："数学的学习不存在粗心，你的问题在于平时集错不够到位，很多细节没有注意，你的集错本我每次都看，发现里面还是有很多错误。"听到这句话，我心里一惊，原来我的集错老师都会批阅，甚至帮我检查！

"还有你在周记里写到数学有些技巧不会用，其他科目有点不适应的问题我都知道，但我相信你能调整过来，就没有提前找你，没想到这次考得这么不理想，我也有责任啊！"钱老师的话令我愧疚不已，本以为老师根本没有关注我，谁知她竟为我做了那么多工作。从这件事开始，我就端正学习态度。

日常生活中，我们身体上有什么不适，她都会及时找我们谈话。就像上次我发烧了，在钱老师的坚持下，我才回了家，发现高烧 39.5℃。如果不是钱老师，后果不堪设想。钱老师对我们的爱就像一抹香，虽没有那么浓烈，它却盘绕在我们的心中，永远不会消散！

作文修改：一遍两遍三四五六遍

一般情况下，我会当面批改学生的叙事作文，给出修改意见。我的个人纪录是两星期内，两个班学生 80 多人，平均每个学生作文被我反复批改四遍，到后来甚至有学生一见我，马上翻开作文本。我觉得作文要么不写，要么就反复修改，无论选材结构，还是描写技巧和情感表达，尽可能结合每篇习作的具体问题，给出评价和建议，让学生有个性化提升。作文批改重在反复，以熟悉和内化写作原则，诚实表达自己，批改作文不是应付检查，完成任务。宁可学生写作的数量少，但老师一定要反复批改，学生反复修改。只有这样，学生习作的能力和水准才能有扎实提升。

阅读母爱

于　淑

每个孩子在青少年时期都会有些小小的叛逆。我与我的母亲曾经就发生过一次冲突，但也是这次冲突让我阅读出母亲那平凡而又伟大的母爱。（开头以事例点题，抒发感受，让读者非常清楚主旨，但语言有些啰唆。）

记得小学的时候，有一位同学邀请我去参加她的生日派对。我也是个好面子的人，所以就毫不犹豫地答应了。当我回到家和妈妈谈起这件事的时候，妈妈突然拍了一下桌子，眉头微皱，眼睛瞪着我："不行，一个女孩子家家独自在外面太危险了，我不放心。""为什么？""没有为什么，不行就是不行，难道你还不听我的话吗?”“不行，我就要去，我都答应人家了，要不然我面子搁哪啊?”“这孩子，这么不听话，不许就是不许，回你房间给我看书去。”妈妈手指了指着我的房间，我感觉到暴风雨来临前那股压抑的气氛，也不敢再顶嘴了。妈妈转过身去厨房做饭去了，嘴里还哼着小曲儿，似乎对打败了我这件事感到很开心。我当然是不服气的，于是便偷偷地出门去舅舅家了。我路上一直想着老妈的臭脾气，就连手机掉了也不知道。妈妈做好了饭发现我不在家，知道我出门有带手机的习惯，就赶紧打我的电话，但是没有打通。妈妈毕竟是妈妈，她一想就知道我肯定去了舅舅家。(结构不当，这是冲突的起因，并不能表现妈妈的爱啊。)

后来，妈妈骑着车把我接了回来。到家后，妈妈长舒了一口气，我知道她刚刚肯定是很担心，但是现在心里已经放松了。妈妈突然抚摸我的头，眼睛弯着，嘴角噙着一抹笑意:“妈妈以后再也不对你乱发脾气了，但是你还是不能一个人出去，如果你想出去玩，妈妈可以抽时间陪你啊!”“可你总是没有时间，放假了也是做家务。”“对不起，我以后会腾出时间陪你的。”妈妈低下头，向我道了歉。我扑过去抱住了妈妈，头钻到她的怀里:“不用，我已经长大了。”(这是文章的重点，应该展开，偏偏没有展开，无法表现妈妈的爱。)

这虽然是小时候的一件事，但我现在仍然记忆犹新。我知道妈妈不让我独自一人去，是怕我有事。而她对我发脾气，也是想让我听话，只是方式有些不对，但是还是爱我的。其实母爱就是一本书，这本书里的点点滴滴我们永远都阅读不完，因为伟大的母爱也是永无止境的。(结尾处能体味妈妈的用心，很好。但是对妈妈的不足却是一笔带过，不够真诚，更缺乏对自己行为的认识。)

(总评:本文选择了亲身经历的真实事件来表现作者对母爱的理解，能够体味母亲对自己的深情，真实自然。但是文章结构不当，详略不分，起因铺陈太多，展现母爱部分却一笔带过，对自己离家出走也缺乏反省。语言概括太多，缺乏直接准确的描述。)

升格指津：语言不能只是概述，也要警惕习作语言的修辞和抒情泛滥，以直接准确的描述让读者体验。

结构上调整主次详略，母爱部分要展开。心理活动上要揣摩母亲的行为动机，也就是母亲为什么这么做。真诚地写出母亲的粗暴，而不是以母爱为名回避掩饰自己的内心的真实想法，也要反省自己的过失。

这篇文章，于淑反复修改四遍，最终完成下文。

阅读母爱

曾经，我与我的母亲发生过一次冲突。事后，母亲焦急地找我并向我道歉，这让我阅读出那平凡而又伟大的母爱。

记得在小学的时候，同学过生日，我答应去参加她的生日派对。和妈妈说起这件事时，她突然拍了一下桌子，说了一句不行，并且教训了我。我也不敢再顶嘴了。很伤心地偷偷离家出走去了舅舅家。（相较于初稿，起因清楚明了。）

她站在那，长舒了一口气，紧皱的眉头突然舒展开，眼睛也眯了起来，手抚过我的脸庞："你这孩子，怎么这么不听话，让我找这么久，走，回家，天都快下雨了。"我一听，连忙躲到了舅舅的身后："不，我不回去。"妈妈伸手把我从舅舅身后拉出来，抱起还在不断挣扎的我，嘴角上扬，朝舅舅点了点头，示意要带我回家。她把我放在自行车后座上，带着我往家赶，不料中途就下起了豆大的雨。（语言描述直接准确，使得读者可以自己体味当时的情景。）

到了家，妈妈先把我放在了沙发上，用毛巾擦干我的头发，手脚并用帮我脱了衣服和鞋子，又赶快整理湿衣服。妈妈忙着这些，嘴角却噙着一丝笑容，眼角的鱼尾纹都皱在了一起："为什么你要出去乱跑呢？你不知道妈妈会担心吗？"我闻到空气中的火药味消失不见，变成了一种温柔的馨香，也不再低着头："可是你又不陪我，只能一个人出去。"妈妈的脸上的笑突然僵住，变得苍白，眉毛微皱咬着唇，沉默了片刻："对不起，我以后会抽时间陪你的。""真的吗？""嗯。"我一头扑进妈妈的怀里，感觉这是天底下最温暖的地方。外面的天气晴了，就如同我心底的阴霾一下子消失不见。（多种感官——视觉听觉嗅觉的综合运用，使得描写生动、丰富、准确。）

这件事，我记忆犹新。我知道妈妈是爱我的，妈妈不让我独自一人去，是怕我有事。而她对我发脾气，也是想让我听话。但是她的方式有些不对，她的粗暴会伤害我的自尊心。她向我道歉，是因为她也发现她对我教育的方式不对，不想我难过。但我的离家出走也会伤害母亲，让她担心和难过。其实母爱就是一本书，无论母爱怎样表达，这本书里的点点滴滴我们永远都阅读不完。（和原文相比，不但体验了母亲的行为动机，也不再回避母亲的问题，真实地指出母亲在处理这件事上的不足。更为难得的是反省了自己。）

（总评：升格作文不仅仅是在语言结构和心理活动描写上有提升，而且使作者自己的生命体验更为丰富，她懂得了真诚地面对她人，真实地指出母亲在某件事处理上的不足，更反省了自己的错误做法。）

到了这个年纪，我实在不想为讨好任何人而去应付一些事情，毕竟时间有限，人生有涯。我希望自己的努力和付出可以改变一些事情，批改作文，也是这样。为应付检查批改作文，实在乏味。

应试作文：没有成长，哪来作文

2018 年 5 月，为应对中考，我布置题为“心中的一抹绿”的中考模拟作文练习，要求学生必须选择亲情类题材。

学生开写之前，我给他们放了四首表现父母之爱的歌曲：Beyond 乐队的《真的爱你》、许飞的《父亲写的散文诗》、卢恒宇和李姝洁的《写给父亲》、Cat Stevens 的 *Father and Son*。学生分析歌曲所写的父母艰辛、父母之爱、亲子冲突和包容理解，认知慢慢得以改变：父母爱子女没矛盾没冲突，在现实生活中，这几乎不可能。有爱就有关注，有关注自会有矛盾。真正的爱，是有冲突，彼此还能包容和理解，继续爱对方。

因为歌曲的感染，很多学生回想改变自己想法和行为的具体事情，似乎瞬间长大，理解父母的艰辛和伟大。有个叫陈龙飞的学生，听到《写给父亲》，泪水盈眶，一反平日什么也不在乎的痞酷形象。我问他能否分享自己所选素材，他控制下情绪，讲述自己的故事，讲述对于母爱的感受和理解。

陈龙飞说自己成绩不太好，考高中没希望，但他喜欢画画。初三下学期，他画画还是占用不少时间和精力。只是画画原料比较贵，家里条件一般，但每次买原料，母亲都依他的意思，只是提醒他：“画也可以，但学习不能放松。”他原先以为母亲只是迁就他，现在听《写给父亲》，才明白父母都希望儿女有成就。母亲知道他升学无望，内心也痛苦失望，但每次都顺从他的意思，是不想伤儿子的心，希望他可以在画画上有所成就，说不定可以找到一条出路。说着说着，他又忍不住抽泣，很多学生眼眶红红的，有几个人甚至也流下眼泪。在这样的城郊学校，大半学生升不了高中考不了大学，陈龙飞的讲述勾起他们对于未来、对于父母的感受和思考。

做完这些，我给学生布置作文。此时作文，已成学生讲述经历、表达情感的需要，不会再抓耳挠腮无从下笔。

心中的一抹绿

朱均杰

小学升初中，人生的第一道转折，我却倒在了这个路口。那段时间，父亲的爱就像我心中的一抹绿，驱散了我内心的自卑，教会了我真正的勇气。

那天晚上，窗外的雨淅淅沥沥，父亲看了看表，再过两小时，外国语考试的成绩就要出来了。仿佛过了一个世纪般，终于，查询成绩的网站可以进入了，他迅速登录，可是定睛一看，三科总分比标准低了十几分。他张了张嘴，却没有说什么，只是默默地叹叹气，挥挥手，让我回到书房看书去了。

从小到大，我的成绩就是父亲的命根。几分钟后，空气中充满了烟草味。父亲由于身体原因，一辈子都不能再碰酒，那十元一包的烟就成了他消愁的唯一用品。

第二天一早，卧室里已不见了父亲的身影，他一定是干活去了吧。晚上，父亲穿着一身整洁的衣服推门而入，脸上却愁云惨淡，额头上的皱纹似乎更加明显了：“好好学习吧，儿子，爸爸一辈子没什么出息，可我最希望看到的就是你的成才。”他从兜里一掏，厚厚一叠红色的100元往桌子上一放，眼睛直勾勾地盯着这些钱，却双手紧攥，洪钟般的声音再次响起：“本来看你差了十几分，我带点钱过去看能不能买，但老师说了，就算你买进去也跟不上，所以马上初中了，你更要好好努力一把了。小升初失败了没关系，我们可以从头再来，但初中升高中就不能这样了，能做到吗?”我暗自发誓，定要在中考展现实力。

父亲难过，是担心我的前途。他瞒着我去交钱，也是为了我的前途。父亲的爱，像一抹绿，留在我心中，至今给我支持，给我鼓励！

父亲对我的爱深沉且厚重，像一抹绿色，在我心中，给予我勇气和希望。

心中的一抹绿

周雨欣

在我的印象中，父亲总是很忙碌，他平时没有时间关心我，大部分时间都在工作，我们在日常生活中几乎不说话，因为我每天几乎都见不到他。他不知道我喜欢什么，不知道我讨厌什么，不知道我在想什么，也没有时间管教我。所有关于我的一切，似乎只有母亲才了解。因此我对他很不满，便不乐意跟他讲话了，时间一长，大家也就习惯了。

期中考试结束，学校要开家长会，我回到家里，走到妈妈身边："妈，学校里要开家长会，你去吧?"妈妈皱了皱眉，用手擦擦汗，说："去去去，一定去。"

妈妈答应了，我便有些轻松，走到客厅，拿起遥控器准备看电视。突然一个庞大的身影闯入眼帘，是爸爸。他看到我，把手放到头上抓了抓脑袋，手有点抖，脸涨得有些红，嘴唇微张，一副想说话又说不出的样子，气氛有点尴尬。于是我快步跑回房间，说了声"写作业了"，就关上了门。

家长会那天，我心里坦坦荡荡——妈妈来的话就容易多了，没那么多麻烦了。班主任进入教室讲一些大概的提纲，家长则在教室外等候。突然，一道庞大的身影出现了——居然是爸爸。他的眼神有些迷茫、有点紧张。他进入教室入座，看了我一眼便匆匆垂下目光，他的手放在桌子上，十分安定，没有颤抖。

结束的时候，他和我被老师叫出去单独谈话。他的手放在身体两侧，紧贴着腿，向老师鞠躬，声音有些颤抖："对不起，我没有很多时间教育孩子，给您添麻烦了，实在抱歉!"我在一旁，惊讶到一句话都说不出来。

回到家里，父亲把我叫到客厅，他看着我，微微叹了口气，摸了摸我的头，脸上有说不出的愧疚。他慢慢开口：“女儿，我这辈子最大的遗憾就是我没有去了解你，我对于你来说是个不称职的父亲。可是，现在去了解你，想必早已来不及，我非常遗憾啊。但是现在你要面临的是中考，是自己人生的一大转折，你的未来和前途将会如何，全在于你自己的选择。既然选择了，就一定要负责。从你小时候一点点高到现在，已经十几年了，但仿佛是一转眼的事情。等你成才，有了自己的孩子，也许你就能体会我的心情，我希望你有更多的时间去陪你自己的孩子，而不是像我一样为了生活而无能为力。只要你能有好的前途，没关系，你现在怎么怨恨我都没关系。”说完，他把手从我的头上拿下来，叹了口气，又去工作了。

我看着父亲的背影，竟有些无助。忽然间，想明白了什么。我的父亲说，他是一位不称职的父亲，因为他不了解我。可这时候我才明白，他是称职的，起码在我的心中，永远都是。他会因为我感到愧疚，他是一个好父亲。父亲对我的爱，是我心中的一抹绿，会为我照亮前程。

写好应试作文，技巧很重要，但永远不是最重要的。作文教学的重点应是激活学生体验，激发学生的思考，让他们以作文的方式获得成长。教师运用各种材料激发学生自身的体验和思考，使得表达和作文自然发生。当然，不是说写和改不重要，但没有思考和体验，写和改就没有根基，失去意义 。

就像这次作文练习，学生是以作文为手段，感受和理解父母之爱，反思自身不足。离开成长谈作文，意义终归有限，练习的效果也不好。脱离生命体验的作文练习，切割作文和成长，文字不过是一个个空洞的符号。

我只教朱均杰、周雨欣他们初三这年的语文，但这一年，他们已经观看和讨论了亲情电影《海底总动员》《当幸福来敲门》，阅读了《威尼斯商人》，探讨了作为父亲的夏洛克有哪些不足和其产生的原因，我还和父母一起完成了“亲情问卷”，对此话题已经有深入思考。

只是关注作文的应试要求，学生无法获得真正提升。学生作文水平，究其实质，是他们感受和思维的表现，所以老师要在平时作大量准备：带着学生阅读经典、赏析电影，鼓励学生独立思考，让他们相信自己的想法很有价值。只有给予足够的养分，让学生持续成长，再辅以必要的作文原则和技巧教学，作文进步自然水到渠成。

后记：尝试让改变发生

人言“出名要趁早”，我年近四十，早已习惯日渐增多的白发。有时会问自己：这个年纪，我为什么要整理这样一本小书，意欲何为？

年轻的时候，因为浅薄，顾盼自雄，相信现实规则会为我改变，功名荣华，唾手可得，这样的自恋自然伤人害己。但回顾走过的路，不管身处怎样的学校，无论是城区的私立名校，还是城郊的公办初中，我都很热爱这份职业，满怀敬意。我勇毅前行，坚守自己为师之原则，无论何种困境，绝不轻言放弃，总是尝试解决问题，寻找教育教学的可能性。客观地说，我真是一个很好的教师。其他方面，我就没这个自信。

很多人问我，甚至有些学生也很好奇：为什么在三十一岁的时候，我要从一个小城的私立名校，调去一所日常教育教学异常有挑战度的城郊初中，一待就是九年？这个问题很有意思，但也好回答。一个普通教师换一个学校工作，不是一件很平常的事情吗？就因为人必须往高处走，水才往低处流？选择哪个地方工作，好比穿鞋，合脚第一。个人时间有限，旁人评价你作为教师的专业水准，以工作单位为依据，实在正常。但每个人最终面对的是自己，得对自己诚实，虽然这很难。很幸运，我熬了过来。一个渴望变化和创造的教师，会寻找自我生命的独立价值。

回到城郊初中的九年时间中，面对学生的学习基础与习惯，我慢慢理解和接受，进行了一些尝试与实践：从日常的教学管理，教材选文教学，到整本书阅读教学、作文教学与应试教学。

回到开头的问题，我以实践案例的形式，完成这部书稿，是希望尽可能真实呈现大时代背景之下，一个普通教师的日常教育教学实践，记录自己和学生的点滴，写下我们的无力与挣扎，悲伤和喜悦。普通教师又身处普通学校，这是我和绝大多数教师同行的现状。面临各种挑战，承受各种压力，但身为教师，应该做点什么。我希望书稿可以传递一种信念：尝试让改变发生，行动就是意义和价值，无论教师还是学生，相较自身过往，可以变得更好。

这本小书能和读者见面，首先感谢内子，她包容我生活上的诸多毛病，承担绝大多数家务。还要感谢我的女儿石筱伊，因为她，我接触了很多新的领域，学习了很多新的知识，进行了很多新的教育尝试。

做教师十五年，最大的幸运是每当遇到麻烦和挫折，我总能得到师友的提点和帮助。第一年做教师，我在网上看到了干国祥和郭初阳的课堂实录，就认定语文课不应是矫情化的抒情和审美，它是非常高级和严肃的智力活动。后来遇到朱永平和史金霞老师，特别是史金霞老师指导我关注课堂教学，鼓励我进行个性化的课程研发。这几年，受《教师博览》杂志前编辑张伟老师的影响，我阅读了相当数量的奥地利经济学派的书籍，认为每个学生发起个性化的学习才是学习权利的真正归还……还有茅卫东老师、卞真侠老师、朱叶清老师、刘娜老师、王亚楠老师、我的湖北同乡兼八中同事王锋老师、李德桥老师，还有身为海关警察却关注基础教育的蔡皿同志……尤其是杨静娴老师，忙碌的教学和家务之余，帮我校订书稿，字斟句酌，不辞劳苦。

感谢《中国教育报》的王珺老师和却咏梅老师，《人民教育》的任国平老师，《中国教师报》的马朝宏老师，《当代教育家》的前编辑束晨晨老师……这些教育媒体人以自己的方式来支持我所做的事情。我明白，他们认同的是我所做的事情，只有事情本身不能被替代，个人没有什么了不起。

感谢项恩炜兄。恩炜兄从上海来张家港，专门就书稿内容和我进行沟通，没有他的鼓励和督促，也不会有这本小书。项兄已经从华东师范大学出版社离职，但依然从事教育行业，希望他的“学习者”和“大象作文”的创业项目越做越好。

最后我想感谢张家港常青藤实验中学已故的秦力校长，我在常青藤实验中学工作的六年，眼界始开，方向渐明。

还有很多师友，在我很困难的时候，给了我很多帮助，我无法一一列举，但心怀感激。

念及这些人，我总会想到一句诗，是很多年前在朱学勤的一本书上看到的：“不妨举世嫌迂阔，赖有斯人慰寂寥。”我愿意做更好的教师，成为更好的自己，无论身处何地，尝试让改变发生。